# COMMUNIER AVEC VOTRE ENFANT AVANT LA NAISSANCE

**Un guide pratique pour une communication intime avec votre bébé avant la naissance ou avec votre jeune enfant**

**Dawson Church**

*Le Souffle d'Or*
BP. 3
05300 BARRET-LE-BAS

Titre original : Communing with the spirit of your unborn child : a practical guide to intimate communication with your unborn or infant child


Publié en anglais par ASLAN PUBLISHING U.S.A.



Traduit de l'américain par Charlotte Durand
Relecture : Anne Charière
Photocomposition : Aline Pontailler
Couverture : illustration : Annick Bougerolle
maquette : Génépy / Gap
Impression et brochage : Imprimerie Louis-Jean / Gap

Dépôt légal : 4ème trimestre 1989

LE SOUFFLE D'OR
BP 3
05300 BARRET-LE-BAS

*Ce livre est dédié à*

## *Lloyd Arthur Meeker*

*dont l'amour passionné*
*éclaira beaucoup d'entre nous*
*sur le chemin de l'éducation spirituelle,*

*et*

## *William Martin Alleyne Cecil,*
**7ème marquis d'Exeter,**

*dont l'expression consciente*
*de l'esprit vivant de vérité fut confirmée*
*par une manifestation absolue*
*dans sa vie.*

## REMERCIEMENTS

Un grand merci à tous ceux dont l'amour et l'encouragement ont eu beaucoup d'impact dans notre vie personnelle et ont contribué à la réalisation de ce livre: Nancy Bauer, Paula Begoun, Ken et Sherry Carey et l'Ame de la Forêt de Greenwood, Michael Exeter, Bill Hurst, Barbara Ingber, Jerry Kaiser, Kim Koenig, Linda Kramer, John et Nancy Krysko, Adele Leone, Rupert Maskell, Libby McGreevey, Cliff Penwell, Leonard Perrillo, Roxanne Potter, Darlene Ravin, Sanaya Roman, et Duane Packer, Bill Stroh, Charles Waltmire. Les photographies sont de Michael Fong, le portrait de l'auteur de Marc Raboy.

# TABLE DES MATIERES

# INTRODUCTION

Je n'avais pas du tout prévu d'écrire ce livre. Une nuit claire d'hiver, debout à contempler les étoiles, m'imprégnant du silence des séquoias sur la montagne retirée où nous vivions, l'idée de ce livre prit soudainement toute sa forme dans ma tête: le titre, le plan, la présentation, chaque aspect.

J'étais très occupé, travaillant douze à quinze heures par jour, et pourtant j'ai tout laissé tomber pour commencer à l'écrire.

Au bout de sept journées intensives, le manuscrit fut terminé. A cette époque, ma compagne et moi attendions un bébé depuis quatre mois.

J'ai fait des exercices de radiation avec notre bébé semblables à ceux décrits dans ce livre, dès que nous prîmes conscience de sa conception.

Bien avant tout développement physique témoignant de la présence du bébé, nous avions senti grandir et s'affirmer un ventre spirituel. Je commençai à sentir intensément l'esprit de l'enfant. Cette expérience devint de plus en plus précise et développa une communion intime avec l'âme de l'enfant avant sa naissance. Je pris conscience de la puissance de ce lien. Nous réussîmes à établir une relation avec l'esprit qui s'incarnait bien avant la naissance et à faciliter ainsi cette transition dans le monde.

Tandis que la fréquence et la profondeur de ma communion avec l'enfant augmentaient, je commençai à sentir son caractère et sa raison d'être d'une façon très précise. Je commençai à connaître l'identité de cet être que j'allais aider à venir sur Terre et la raison pour laquelle il avait choisi de s'incarner.

Cette nuit-là, sous les étoiles, je sentis très intimement

l'esprit de cet être qui se formait. Dans cet état de communion silencieuse, on aurait dit que je captais l'esprit du bébé. Je sentis aussi chez lui le désir de communiquer aux autres parents la possibilité d'un contact prénatal conscient avec le foetus. L'esprit de ce bébé désirait que soient explicitées, pour d'autres parents, les mesures pratiques qu'ils peuvent adopter dans le but d'entrer en contact avec leur enfant durant la période de paix qui précède la naissance.

De plus, *Communiquer avec Votre Enfant avant la Naissance* comporte un message plus important qui s'adresse à chaque personne sur Terre, et pas seulement aux parents.

Ce message annonce que nous pouvons être totalement guéris, devenir pleinement nous-mêmes; nous pouvons, quel que soit notre âge, faire vivre en nous l'enfant universel, éternel, plein d'émerveillement, de respect et d'innocence. Nous pouvons traverser le monde, traverser notre vie avec grâce, sans crainte, libérant constamment un courant d'amour et de paix sur chaque chose et chaque personne autour de nous. Il n'est jamais trop tard pour être un enfant! Quel que soit notre âge, un changement, petit mais radical, dans notre façon de concevoir la vie, nous permet de voir à travers les yeux d'un enfant un monde pur, magique, plein de la splendeur et de la beauté du neuf.

Ce que vous allez lire est ce que je comprends du message que j'ai reçu. J'ai écrit les mots tels que je les ai sentis sur le moment. Chaque fois que j'ai été arrêté par les mots, j'ai simplement écouté les voix qui s'élèvent du silence intérieur.

Si jamais quelqu'un d'entre nous perd l'enfant qui devrait vivre éternellement dans son coeur, qu'il fasse le silence et écoute profondément. Cela suffit. Il trouvera la source de la jeunesse qui coule depuis les racines de son être. Son cours vivant a le pouvoir de purifier et de revivifier la réalité, le passé, le présent et l'avenir.

# CHAPITRE UN

## L'Univers nous parle

Depuis peu, nous commençons à réaliser que la planète fonctionne comme un organisme vivant. Elle possède un système circulatoire représenté par les océans, les nuages, la pluie et les rivières, un système respiratoire représenté par les grandes forêts tropicales, et toutes les autres caractéristiques d'une créature vivante. Son cerveau, c'est l'humanité, qui reçoit et transmet l'information. Les hommes constituent la composante consciente de la Terre.

Jusqu'à aujourd'hui, l'humanité n'a pas été capable d'assumer complètement cette responsabilité. En fonctionnant sur le modèle de l'égocentrisme, en ne pensant qu'à leurs propres intérêts, les Hommes ont exercé une action destructrice.

Notre espèce s'est comportée comme un organe malade, faisant sa proie de tout l'organisme, afin de gagner des choses qui, par un calcul à court terme, nous semblent être dans notre propre intérêt.

Nous nous sommes comportés comme des cellules planétaires irresponsables, un cancer, au lieu d'assumer consciemment notre rôle en tant qu'organe créateur de vie. Nous regardons nos propres intérêts en ignorant l'intégrité complexe du contexte écologique dans lequel nous vivons. Nos actions, découlant de cette attitude morbide, menacent de détruire la planète tout entière et nous avec.

Mais ce cycle dévié du grand rythme de la vie touche presque à sa fin. Toute fonction qui contrecarre le tout devient vaine à la longue. Elle ne peut que finir par s'épuiser et s'anéantir. De l'Homo Ignoramus, cet Homme de passage, mutant myope de la planète, les jours sont maintenant comptés; il est en train de partir pour un repos sans regret.

Tandis qu'un jour nouveau naît dans la conscience humaine et qu'un Homme nouveau apparaît, vivant en harmonie avec toute la planète, une transformation radicale se met en place. L'humanité trouve sa place dans la création. Cette seconde renaissance donne un tournant déterminant à l'histoire de la planète. Les enfants de l'avenir demanderont sûrement: «Mais comment les Hommes du XXème siècle ont-ils pu s'entretuer ?» Cela semblera aussi inconcevable que la torture, le supplice du garot ou les poucettes[1].

La vie travaille en harmonie synchrone à travers le cosmos. C'est seulement dans ce monde unique, singulier, déviant, que les espèces dominantes créent des conditions hostiles à leur propre survie et à celle du monde entier. L'univers nous a doucement rappelé la réalité de temps en temps, par l'intermédiaire de grands maîtres, qui sont venus nous remettre en mémoire la direction de notre trajectoire vers l'intégration planétaire.

Nous avons eu autant de maîtres que nous pouvions en assimiler en tant qu'espèce humaine. Le pouvoir que nous avons de nous aligner sur les grands courants de la vie a été augmenté par chacun des prophètes de la trajectoire planétaire. L'Homo Ignoramus a, dans l'histoire, essayé d'atténuer ces messages en les enfermant dans le linceul d'une religion dogmatique, jusqu'à les vider de tout leur pouvoir car il déifiait le messager et ignorait le message.

A travers les mots immortels de ces grands hommes, les schémas de la vie ont stimulé notre conscience humaine réticente à s'élargir, en frappant à sa porte depuis des siècles. Notre capacité à fermer nos oreilles s'est affaiblie. A ce stade de notre évolution, nous sommes tous mûrs pour un changement de nos conceptions originelles sur la véritable nature du cosmos et sur notre position à l'intérieur de celui-ci. Les vieux schémas sont devenus inopérants, cela est maintenant évident, même pour les plus intransigeants.

*(1) Poucettes : instrument de torture médiéval*

## Du chaos au cosmos

Une chose nouvelle est apparue sur la planète Terre. Une transition est en train de s'opérer entre les vieux schémas et une nouvelle façon de voir. La vision ancienne se caractérise par l'inconscience: inconscience par rapport à la manière dont les choses de la vie et ses rythmes opèrent dans l'univers.

La nouvelle vision se caractérise par un désir conscient d'être en harmonie avec les rythmes de notre nature personnelle et cosmique, afin de nous intégrer dans l'ordre de l'univers. Paradoxalement, c'est en nous harmonisant avec celui-ci que nous découvrons toute notre individualité. Si nous laissons se manifester l'ordre naturel du cosmos, en vivant nos vies en accord avec ses principes, nous utilisons à la fois le maximum de notre potentiel en tant qu'individus et apportons en même temps nos mondes personnels dans cette sphère d'influence de l'ordre de la vie. C'est dans notre vie quotidienne que nous avons la possibilité d'unir l'élément à l'ensemble, le banal au sublime, l'ordinaire au transcendant.

Les êtres responsables du bien-être spirituel de la planète — et cela inclut la nature vraie, innée et angélique de chacun d'entre nous — nous fournissent un grand nombre de moyens pour apprendre ces leçons. Certains de ces moyens sont des «jouets» métaphysiques qui permettent d'apprendre simplement par le jeu quelques-uns des principes de base du cosmos. Les instruments de transformation personnelle sont d'autres moyens très puissants qui doivent être utilisés avec précaution.

Nous remarquons par exemple un intérêt populaire assez grand pour les techniques de «canalisation», les cristaux, etc. Les outils psycho-spirituels, suscitant peu la curiosité au départ, sont devenus un véritable business rapportant de gros profits. Les maîtres prolifèrent: des bons, des mauvais et toute la gamme des médiocres. Les moyens d'expression tels que les livres, le cinéma, les journaux et l'électronique jouent une grande part dans la révolution spirituelle. Elle a gravi les plus hauts échelons du gouvernement. Elle a même atteint les religions dogmatiques, traditionnellement les premières à rejeter et les dernières à accepter la régénération spirituelle. Les fondamentalistes, les traditionalistes, les orthodoxes, les modernistes et les réformistes y découvrent en écoutant leur coeur une parenté avec les enseignements de leur propre religion. Elle touche au centre de chacune des religions dans le monde, reprenant subversivement, afin de les revitaliser, l'essence de ces mêmes enseignements, ensevelie depuis longtemps sous le linceul des obligations liturgiques.

## Les maîtres, anciens et nouveaux

Dans une perspective de renouvellement, tout un nouvel ordre d'êtres est en train de s'incarner sur la Terre, ayant choisi de revêtir une forme physique afin de participer au réveil de l'espèce humaine. Ils ne sont pas soumis aux limites des dernières générations. Ils repoussent les limites de toutes les formes culturelles.

Autrefois, de tels êtres exceptionnels ne revêtaient qu'occasionnellement une apparence humaine, afin de garder l'évolution humaine sur les rails. Aucune époque ne les aurait acceptés en grand nombre, car ils auraient secoué trop fort les vieux schémas. Si la lumière avait brillé trop fort, la vision ancienne se serait soulevée et aurait essayé de l'éclipser de la face même de la Terre. En cas de succès, toute l'espèce humaine aurait été condamnée à une mort rapide. L'univers fut assez sage pour ne pas donner à l'Homme plus de lumière qu'il n'en pouvait supporter dans les temps passés. Un peu plus, et nous étions aveuglés et plongés dans l'abîme.

Mais aujourd'hui, la lumière s'accroît exponentiellement. Ces derniers siècles, suffisamment de «fidèles» ont solidement conservé leur foi pour donner à la lumière un terrain d'accueil qui lui permette de s'établir. Il est désormais impossible de l'arrêter, tel le brillant éclat d'une pierre précieuse étincelant à travers les coutures d'un sac de toile usé.

Pour accomplir cela, la vie nous envoie de grands maîtres. Mais nous ne recevons pas seulement un Moïse, un Gautama ou un Lao-Tseu. Ils arrivent par dizaines et prennent forme humaine: celle de nos enfants, de nos bébés avant la naissance, sur le point de naître. Ils arrivent pour accélérer le processus de l'évolution planétaire.

Si nous enseignons à nos enfants les leçons d'hier, même les plus avancées, nous manquerons le but. Les leçons qu'ils ont besoin d'apprendre sont radicalement différentes. Celles qu'ils seront amenés à enseigner sont fondamentales et ne doivent pas être entravées par les formes anciennes de ce qu'on a pu appeler «éducation». Les approches les plus éclairées du XIXème siècle, au niveau de l'éducation, ne conviennent pas à un enfant du XXème siècle. C'est comme si on accrochait un chariot à boeufs à un train à grande vitesse.

L'éducation la plus avancée, la plus éclairée de la fin du XXème siècle sera tout autant inadaptée pour un enfant du XXIème siècle. Comment assumons-nous, en tant que parents, la responsabilité de les éclairer, de les guider ? La meilleure éducation que nous puissions leur apporter consiste à leur enseigner la «philosophie éternelle»: ces vérités de tous les temps que les grands maîtres nous ont démontrées par l'exemple au cours des âges. Si nous arrivons, en tant que parents, à leur présenter une certaine manière de vivre, à élever leur esprit et leur coeur en accord avec les vérités universelles, le reste de l'éducation se fera facilement.

Quand ils auront acquis une connaissance plus approfondie, ils deviendront peut-être leurs propres maîtres, choisissant leurs propres programmes, ce que nous aurons souvent du mal à accepter. Quand j'étais enfant, je pensais souvent que les adultes ne me comprenaient pas. «Ils ne savent pas ce que c'est d'être un enfant» pensais-je, «mais quand je serai grand, je m'en souviendrai. Je ne serai pas avec mes enfants comme ils ont été avec moi. Je serai avec mes enfants comme j'aimerais que l'on soit avec moi maintenant».

Cependant, si j'essaie d'agir ainsi avec mes enfants, je les confine dans des concepts anciens, dépassés et étouffants. Durant les trente années qui se sont écoulées entre mon enfance et celle des enfants de l'avenir, le monde a changé, l'univers a continué son chemin. Les choses qui furent vraies pour moi hier en sont au stade du chariot à boeufs comparé au stade de développement humain auquel notre race a accédé aujourd'hui.

## Des dons des étoiles

L'univers offre à la Terre des âmes appropriées au stade de développement actuel de l'espèce humaine. Il ne nous envoie pas les âmes qui auraient convenu au XIXème siècle ou au IXème siècle. Il nous envoie les âmes du XXIème siècle, précurseurs de la lumière. Regardez dans les yeux d'un bébé qui vient de naître. Vous y trouverez une sagesse, un lien avec la source universelle, étrangement présents. Nos formes physiques extérieures n'ont — pas encore — beaucoup changé; je pense qu'elles changeront à l'avenir, mais même si les formes extérieures n'ont pas changé, l'esprit intérieur du nouveau-né est très différent. Une lumière émane de lui.

Notre responsabilité parentale consiste à créer une ambiance extérieure et un climat spirituel qui permettent à cette lumière de donner le maximum de son rayonnement. Dans les mauvais jours du passé, la société a essayé de toutes les façons imaginables d'éteindre cette lumière après la naissance. L'enfant se retrouvait embarqué dans un processus ridiculement appelé l'«éducation». Il fut endoctriné dans ce que l'on a appelé la «religion», dont l'effet premier fut d'étouffer la connaissance de Dieu inhérente à l'enfant. Cet endoctrinement consistait à enfouir la connaissance innée dans un marécage embourbé de cérémonies inutiles, ou à enfourner la théologie dans une gorge résistante jusqu'à ce qu'elle la régurgite sous la forme d'un athéïsme dépourvu de toute réflexion.

Le nouveau parent, au contraire, apporte au nouveau-né la

nourriture sacrée de la lumière. Tout ce qui touche notre responsabilité parentale est sacré. Il n'y a pas d'acte parental qui ne soit, de manière inhérente, un acte sacré. Le parent a la responsabilité de trouver les moyens qui permettent à l'être intérieur de l'enfant de se développer.

Même si tout le potentiel inhérent est en place, il n'est pas encore dans sa conscience et le parent le sait, espérons-le. Le parent sain ne cherche pas à s'immiscer dans le champ d'action de ce potentiel. Le parent sain laisse la lumière venir et se concentrer sur l'enfant pour rayonner pleinement à travers lui. Chaque parent a la responsabilité continue d'être la lumière, de représenter la lumière.

Ce livre explique comment un parent peut entrer en contact spirituel avec son enfant avant la naissance, et établir un canal de communication utile avec cet enfant afin de laisser se développer une meilleure compréhension et des liens plus solides. En outre, ce processus approfondira sans doute l'intelligence spirituelle des parents.

## Réinventer la Terre

Au fur et à mesure que ces nouveaux maîtres s'incarnent parmi nous, ils apportent au subconscient de l'humanité un nouveau degré de compréhension et d'apprentissage des différents processus de la vie. Nous sommes en train d'assister à une multiplication fantastique de ces êtres qui s'incarnent à travers les nouveaux-nés. C'est la meilleure façon pour l'univers de préparer notre planète à l'avènement du nouvel âge. L'univers nous donne le langage de l'avenir et nos bébés expriment les mots de ce nouveau langage.

Ces nouveaux-nés sont un don des étoiles. Ils représentent le monde de demain. Ils ne vivront pas selon les mêmes règles que nous, ni celles de nos parents, ni celles de nos grands-parents. Dieu est en train de réinventer la Terre, et en cela l'Homme est refait à Son image.

# CHAPITRE DEUX

## Accueillir

Au moment de la conception, un monde naît, plein de promesses et de possibilités. Un potentiel de croissance rapide, accélérée, se trouve non seulement dans le foetus, mais aussi dans la compréhension spirituelle des parents. A un moment donné, qui suivra la conception, le couple prendra conscience de sa responsabilité. Nous savons que certaines femmes sentent intuitivement ce qui se passe dès la conception; mais quel que soit le moment où la conception nous est révélée, c'est à ce moment-là qu'il y a prise de conscience. «Nous attendons un enfant !»

L'événement peut être désiré depuis longtemps. Il peut se présenter aussi comme une calamité ! Quoi qu'il en soit, notre responsabilité parentale sur le plan spirituel exige de nous une attitude très particulière au moment de la nouvelle de la conception: celle d'accueillir l'enfant. Si notre première réaction est la panique, le choc, le rejet, la consternation, le développement de l'enfant en sera marqué. Si nous réagissons dans la joie, l'acceptation, le bonheur d'accueillir, l'âme sera traversée par un prodigieux courant d'énergie.

L'enfant sait s'il est désiré ou non. Ce n'est pas parce que toutes ses facultés ne sont pas encore développées qu'il ne possède pas un certain degré d'intelligence. Nous connaissons certaines choses tellement hors de portée de notre esprit conscient, qu'à s'efforcer de les comprendre, nous deviendrions fous. Notre conscience périphérique est tout simplement incapable de saisir les choses de l'esprit. En plaçant notre individualité dans la sphère spirituelle, notre perception des choses va bien au-delà de la pensée consciente.

Ainsi notre responsabilité en tant que parents commence au moment où la conception nous est révélée. Nous pouvons être paniqués, consternés ou dans l'incertitude. Mais cela nous donne l'occasion de dépasser ces sentiments. Quels que soient les bonds que nous font faire nos émotions, au moment de cette prise de conscience, notre esprit reste calme, rayonnant un sentiment de bienvenue et d'acceptation à l'égard de cette nouvelle âme.

C'est la première grande bénédiction que nous pouvons offrir à notre bébé. C'est le premier don spirituel que nous pouvons lui apporter. Il y en aura d'autres, par la suite, mais si le premier don s'est fait convenablement, la trame est tissée pour tous les autres à venir.

Nous rendons grâce car un esprit élevé a accepté, par sa présence, de bénir le corps physique de notre enfant et a choisi de s'incarner à travers nous. Nous rendons grâce à notre amour d'avoir fourni le véhicule pour l'arrivée de cet esprit qui est venu pour bénir la Terre.

## Faciliter le passage de l'âme

Le passage de l'âme au niveau physique sera facilité si elle sait que les parents de l'enfant en qui elle a choisi de s'incarner font tout ce qu'ils peuvent pour rendre cette manifestation possible. Lorsque vous allez voir un ami ou quelqu'un parmi vos connaissances, comment percevez-vous cette rencontre? Si vous savez que vous serez reçu comme un roi, que chacun fera son possible pour que vous vous sentiez à l'aise, accueilli, paisible, vous vous réjouirez. Si vous savez qu'ils seront maussades, renfrognés, préoccupés par leurs propres soucis, incapables de voir ce qui se passe autour d'eux, cette visite sera une corvée.

C'est la même chose au niveau de l'âme. Si nous pouvons faire en sorte que l'esprit de notre bébé se sente accueilli, l'effet s'en ressentira au niveau de toute son incarnation. C'est pourquoi, au moment où la conception nous est révélée, il est si important de dérouler consciemment le tapis de bienvenue.

## Se défaire de l'hérédité et de l'environnement

Que dire d'une situation dans laquelle des parents terrestres ne sont pas heureux d'apprendre qu'ils attendent un enfant ? Que penser du cas où les parents ne veulent pas de l'enfant ou le voient comme une punition, un embêtement, une perturbation ? Une âme que les futurs parents mettent dans une telle position choisira parfois de se retirer: elle décidera simplement de ne pas s'incarner. Cela peut se manifester par un avortement — spontané ou provoqué —, ou par la mort au moment de la naissance. Mais le bébé peut aussi décider de s'incarner malgré tout. L'enfant qui se prépare à venir peut surmonter beaucoup d'obstacles. Certains d'entre nous ont peut-être eu des parents qui les ont accueillis avec un sentiment mitigé ou franchement hostile. Si l'âme sent qu'elle peut accomplir sa mission malgré le manque de soutien, elle peut décider de venir quoi qu'il en soit.

L'âme peut surmonter tous les obstacles, elle peut transformer tout ce qui, au départ, était mauvais, tordu, problématique, en quelque chose de beau. Nous ne devons pas rester des dindons si nous savons voler comme des aigles. Si nous croyons intérieurement à notre potentiel divin, même si cette croyance n'est pas renforcée par le monde extérieur, ni par qui que ce soit de ce monde, notre connaissance de l'esprit fera ressortir notre beauté intérieure. Le potentiel dont nous rêvions peut devenir réalité. Nous ne devons être limités en rien. **Nous pouvons toujours transcender nos origines**. En fait, notre esprit les a déjà transcendées. Dès que nous accédons à cette vérité et que nous nous unissons à l'esprit, nous transcendons aussi nos origines.

Cette vérité nous suit toujours. Si vous n'avez pas rendu grâce dès le départ pour le fait d'être parent mais que vous avez compris plus tard votre devoir en tant que parent spirituel, rendez grâce maintenant, maintenant que vous avez acquis cette connaissance.

Vous pouvez rendre grâce à tout moment pour cette conception; le flot de bénédiction qui est libéré quand les parents rendent grâce pour la naissance de leur enfant peut remonter en arrière dans le temps et guérir les blessures jusqu'au moment de la conception. Même si cette bénédiction ne s'est pas faite au «bon» moment, elle peut être reportée dans le temps spirituel. Le temps spirituel n'a pas les limites du temps linéaire; l'âme n'a pas de limites. Quand on la laisse régner librement, quand on lui permet de s'installer dans n'importe quelle situation, elle remonte le temps jusqu'au moment de la conception pour nous bénir. Au moment de l'illumination, chaque autre moment est éclairé, chaque autre instant de notre vie — passé, présent et avenir —, baigne dans la lumière. Celle-ci s'étend à toutes les personnes que nous connaissons, que nous avons connues, que nous connaîtrons dans l'avenir.

Vos parents n'ont peut-être jamais rendu grâce pour votre incarnation, mais si vous vous laissez traverser par la gratitude, vous bénissez votre propre passé. De cette façon, c'est l'esprit qui devient votre véritable parent et vous touchez ainsi votre naissance d'une main qui guérit.

## Accueillir l'inconnu

La méditation qui va suivre vous permettra soit de souhaiter la bienvenue à l'esprit de votre enfant avant la naissance, soit d'accueillir votre propre esprit maintenant en remontant jusqu'au moment de votre conception physique, quel que soit le nombre d'années qui se sont écoulées depuis.

Installez-vous confortablement dans une pièce calme et peu éclairée. Assurez-vous de ne pas être dérangée pendant environ trois-quarts d'heure. Si vous avez la cassette *Communier avec l'esprit de votre enfant avant la naissance*[1], vous pouvez l'utiliser. Sinon, lisez la méditation, ou enregistrez-la sur une cassette pour l'écouter ensuite.

Vous pouvez écouter une musique de fond en mettant le volume très bas, quelque chose qui ne vous disperse pas. Si vous avez déjà appris une technique particulière de méditation, utilisez-la un moment avant de commencer cette méditation Vous connaissez vos propres méthodes et habitudes. Installez-vous de façon à être complètement détendue.

•••••

## Première méditation

*Fermez les yeux. Respirez profondément. A chaque expiration, visualisez tout ce qui vous cause du souci, tout ce qui vous préoccupe, tout ce qui vous distrait du moment présent, en relâchant tout cela avec la respiration.*

*Que votre respiration devienne régulière et à chaque souffle, laissez-vous aller un peu plus jusqu'à ce que votre corps soit complètement détendu et que votre mental soit apaisé.*

*Expirez en rejetant tout l'air vicié de vos poumons. Détendez-vous et laissez-vous pénétrer par l'air pur, sain et frais. Expirez et inspirez plusieurs fois de cette manière.*

*Quand vous inspirez, sentez l'air frais qui pénètre dans votre tête et votre pensée, dissipant ainsi tout tracas. Abandonnez toutes vos inquiétudes et vos soucis. Laissez l'air pur et frais apaiser vos frustrations, aplanissant ainsi les difficultés de votre vie.*

*Imaginez votre corps rempli d'une énergie de couleur verte. Cette énergie représente toutes les tensions qui se sont accumulées dans les muscles et les organes. Imaginez bien vos membres remplis de cette énergie. Commencez par les pieds. A chaque expiration, sentez l'énergie sortir de vos pieds en même temps que le souffle. Faites autant d'expirations qu'il sera nécessaire pour faire sortir ce flux vert de chaque coin et recoin du pied.*

*Montez ensuite aux mollets, aux cuisses, au pelvis et continuez toujours à monter de la même façon. Prenez tout le temps qu'il faudra pour que chaque partie de votre corps soit complètement détendue. N'arrêtez pas la cassette avant d'avoir réussi à détendre tout le torse.*

*Lorsque vous avez complètement allégé vos épaules de ce fluide vert, et quand vous vous sentez complètement détendue, visualisez l'énergie qui emplit votre tête. Commencez derrière le crâne, en la chassant avec chaque respiration. Continuez jusqu'à ce que les plus petites cavités de votre tête soient libérées de cette énergie verte et que vous ne ressentiez plus aucune tension ni raideur.*

*Déchargez enfin votre cou et votre bouche de ce fluide et sentez comment votre corps s'est complètement détendu.*

*Maintenant, reprenez avec attention chaque partie de votre corps, pour voir s'il demeure des poches de tension. Décelez les endroits subtils où la tension subsiste encore et laissez-la s'en aller doucement, portée par le cours de votre respiration.*

*Maintenant, quand vous inspirez, imaginez une substance blanche, quelque chose plein d'énergie et de vie. Inspirez-la et sentez-la traverser chaque partie de votre corps, régénérant et apaisant ainsi vos muscles, vos émotions, votre esprit. Laissez-la aplanir tous les soucis et l'anxiété qui vous ont parcourue jusque là.*

*Oubliez tous les problèmes habituels et sentez tout votre être revigoré par la paix et la vitalité que cette expérience vous apporte.*

*Rappelez-vous votre première rencontre avec un enfant que vous avez vraiment aimé. Ce peut être un frère ou une soeur, ou l'enfant d'un ami, ou un enfant que vous n'avez rencontré qu'une fois mais qui vous a apporté beaucoup de joie. Quel qu'il soit, souvenez-vous comme vous vous êtes senti merveilleusement bien avec lui, comme cet enfant était beau, innocent, pur, attirant. Pensez à toutes les choses positives que vous avez ressenties à son égard. Souvenez-vous de tous les sentiments qui vous venaient auprès de lui. Où qu'il soit maintenant, rendez grâce pour la présence de cet enfant sur Terre.*

*Visualisez l'esprit de cet enfant. Sentez les essences spirituelles qui se sont concentrées en lui; visualisez cette présence forte et profonde, qui a donné forme au corps de l'enfant. Unissez-vous à elle. Rendez grâce pour cette présence.*

*Imaginez maintenant que le visage de cet enfant se confond avec le vôtre, — votre visage d'enfant. Vous êtes aussi pleine d'émerveillement que cet enfant, dans votre souvenir. Sentez en vous tout le potentiel que vous aviez vu dans cet enfant magique. Gardez fortement à l'esprit cette image de vous-même, en y ajoutant tout ce qui fut beau et parfait chez cet enfant idéal. Faites entrer dans ce petit corps l'esprit élevé qui est le vôtre. Sentez cette âme magnifique emplir ce corps d'une lumière si vibrante que chaque cellule se met à chanter avec reconnaissance. Sentez la présence de Dieu tout autour du corps de cet enfant, le protégeant de la nuisance et du mal.*

*Imaginez maintenant que vous êtes un jeune enfant. Devenez de plus en plus jeune d'instant en instant, jusqu'à ce que vous vous retrouviez au moment de votre naissance et même encore avant. Essayez d'imaginer comment vous vous sentiez dans l'utérus. Il est sécurisant, chaud et enveloppant, vous vous y sentez bien, à l'abri de tout danger. Laissez-vous aller avec plaisir dans la douce atmosphère de ce lieu paisible.*

*Remontez encore dans le temps, quand vous étiez toujours plus petite, jusqu'à ce que vous arriviez aux premières cellules, jusqu'à n'être plus qu'une seule cellule. Alors, de là-haut, une grande lumière jaillit au-dessus de vous, un éclair plein d'amour et d'intention: c'est l'esprit qui s'incarne en vous pour accomplir son dessein. Subitement, vous vous sentez céleste, angélique. Imaginez-vous faisant partie de deux mondes: la cellule, terrestre, et l'esprit, divin. Sentez la tension exquise entre ces deux natures.*

*Sentez votre âme rendre grâce pour la chance inestimable qu'elle a de pouvoir s'incarner. Votre âme est désincarnée depuis de nombreuses années. Elle a maintenant enfin la chance d'exprimer sa créativité sur Terre. Et son premier acte de création est de vous créer, vous, le proto-foetus. Vous êtes la première manifestation de cet acte d'amour. Vous êtes remplie d'émotion et de gratitude. Maintenant, avec cette connaissance inestimable, solidement ancrée dans votre conscience, cette félicité divine, avancez à nouveau dans le temps, au fur et à mesure que vos cellules grandissent et se développent pour devenir un bébé. Amenez cette lumière divine jusqu'à votre propre naissance. Bénissez votre naissance avec la sagesse et la compassion de votre esprit.*

*Continuez à avancer jusqu'à votre enfance. Pensez aux moments merveilleux que vous avez connus, à tout ce que vous avez accompli avec fierté. Laissez votre divinité éclairer ces moments.*

*Pensez maintenant à ce qui a pu vous arriver de pire quand vous étiez enfant, la chose qui vous a le plus terrifiée; l'événement le plus traumatisant. Rappelez-vous comment vous avez vécu cela, revivez votre angoisse.*

*Eclairez cette situation de votre lumière: la lumière de l'esprit. Réconfortez cet enfant qui souffre. Apportez-lui toute la force de votre divinité. L'enfant sent votre présence: laissez-le sentir que tout va bien. Séchez ses larmes, lavez sa peine dans la rivière débordante de votre amour. Lorsque l'enfant est heureux et consolé, revivez une autre situation qui vous a été pénible. Consolez et soutenez cet enfant. Revoyez ainsi toute votre vie en face de vous, étape par étape. A chaque traumatisme, imaginez vous là, votre soi divin déversant inlassablement votre amour réparateur. Voyez comment votre âme a permis à votre forme extérieure de se développer jusqu'à aujourd'hui. Vous êtes maintenant capable de voir et de ressentir vraiment votre âme. C'est le plus grand miracle qui puisse exister, de voir se réaliser cette unité avec votre propre divinité.*

*Votre divinité salue la manifestation de votre corps. Cette présence divine accompagne avec amour chaque étape de votre vie. Elle rend grâce pour le miracle de votre conception, de votre naissance, de votre vie. Vous devinez l'immense gratitude que votre âme éprouva au moment de la conception. Vous vous y reportez et bénissez ce moment.*

*Quand vous vous sentez prête à revenir dans votre corps, reprenez conscience de votre respiration: reprenez lentement conscience de votre inspiration et de votre expiration. Observez comme votre corps est détendu, comme vous vous sentez bien. Prenez conscience de la pièce dans laquelle vous vous trouvez. Quand vous vous levez et commencez à bouger, pensez avec gratitude à la chance que vous avez d'être avec vous sur Terre. Gardez ce sentiment en vous toute la journée. Laissez-le s'imprégner dans toutes les activités de cette journée.*

•••••

La Méditation ci-dessus prépare la conscience de l'adulte qui commence à entrer en relation avec l'enfant. Nous manquons de sérénité pour accueillir le bébé en toute plénitude tant que notre attitude n'est pas la bonne et que notre coeur n'est pas apaisé. Il est important de débarrasser notre champ créatif intérieur de toute distraction, tension et limites qui risquent d'aspirer notre attention et nous empêchent d'être complètement disponibles pour accueillir notre bébé.

Une fois que nous avons préparé notre conscience dans ce sens, nous sommes complètement présents et prêts à porter toute notre attention sur l'accueil de l'enfant. C'est le but de la Seconde Méditation. Vous la ferez lorsque la première sera bien assimilée. Elle porte sur l'accueil même de l'enfant.

Les trois premiers paragraphes de la Seconde Méditation résument les exercices de relaxation proposés au début de la Première Méditation. S'il s'écoule un long moment (plusieurs heures) ou si vous avez une activité intense entre les deux, il est préférable de reprendre la relaxation de la Première Méditation dans sa forme la plus longue avant de commencer la Deuxième Méditation.

•••••

## Seconde Méditation

*Fermez les yeux. Respirez profondément. A chaque expiration, visualisez tout ce qui vous cause du souci, tout ce qui vous préoccupe, tout ce qui vous distrait du moment présent, en le laissant s'écouler avec la respiration.*

*Laissez votre respiration se régulariser et, à chaque souffle, laissez-vous aller un peu plus, jusqu'à ce que votre corps soit complètement détendu et que votre esprit soit apaisé.*

*Maintenant, tout en inspirant, imaginez une substance blanche, et luisante comme la brume, quelque chose plein d'énergie et de vie. Inspirez-la et sentez-la traverser chaque partie de votre corps, régénérant et apaisant ainsi vos muscles, vos émotions, votre esprit. Laissez-la aplanir tous les soucis et apaiser l'anxiété qui vous a parcourue jusque là.*

*Oubliez tous les problèmes que vous rencontrez d'habitude et sentez tout votre être revigoré par la paix et la vitalité que cette expérience vous apporte.*

*Mettez votre main au-dessus de l'utérus. Sentez la présence de l'enfant à l'intérieur. Sentez l'énergie qui émane de votre enfant vers votre main. Sentez votre propre esprit rayonner vers l'enfant. Sentez ce jeu de reconnaissance entre vous deux.*

*Imaginez le corps de votre enfant dans tous ses détails, quand bien même il n'est qu'un foetus de quelques semaines. Représentez-vous sa tête, son torse, ses membres. Imaginez maintenant une lumière rayonnante au milieu de sa poitrine, là où se trouve son coeur. Sentez tout l'amour qui emplit ce coeur. Votre cœur commence à battre sur un rythme particulier. Votre coeur bat en harmonie avec celui du bébé. Imaginez maintenant un rayon de lumière blanche et brillante s'élevant de vos coeurs unis vers les cieux, le phare qui guidera l'esprit vers le corps. C'est le signal de bienvenue que vous envoyez à l'esprit, en annonçant que vous êtes prête et l'attendez. Cette lumière brillante éclaire le chemin de l'esprit jusqu'au corps de l'enfant.*

*Une nuée d'amour et d'énergie accompagne l'âme quand elle descend ce chemin de lumière pour arriver au corps de l'enfant.*

*Vous pouvez sentir sa présence. Le bébé aussi. Vous sentez votre propre corps répondre à l'âme de l'enfant avec amour. Remerciez l'âme d'avoir choisi de s'incarner. Rendez-lui grâce du rôle que vous avez pu jouer pour rendre cette incarnation possible.*

*Au moment où l'âme s'unit au corps de l'enfant, le rayon de lumière s'atténue progressivement. Il est de moins en moins visible et devient une simple lueur qui entoure le bébé. Au moment où vous voyez cette lueur entourer le corps de l'enfant pour le protéger, vous reprenez conscience de votre respiration. Vous sentez bien votre inspiration et votre expiration, inspir et expir, inspir, expir... Vous vous sentez extrêmement bien; votre corps se sent revigoré, renouvelé.*

*Reprenez conscience de la pièce dans laquelle vous vous trouvez. Le sentiment de gratitude vous habitera toute la journée. A chaque instant, vous pourrez sentir cette union avec votre bébé, telle une corde blanche et brillante qui vous relie. Le long de cette corde se répandent l'amour et la bénédiction.*

•••••

Il n'est jamais trop tard pour souhaiter la bienvenue. Au moment, quel qu'il soit, où vous rendez grâce pour le miracle de votre propre naissance, ou de celle de votre enfant, vous rendez grâce à l'esprit de s'être incarné. Quand l'esprit est accueilli, il remplit le monde de sa présence et le monde en est transformé.

(1) Une cassette existe en anglais, non traduite à ce jour. (Voir en fin de livre)

# CHAPITRE TROIS

## L'Utérus

C'est dans la matrice au sens physique du terme que se déroule la gestation du corps physique. Elle sert de protection pour que le processsus de création de la vie ne soit pas entravé. Un nouvel être peut s'y développer et venir au monde en toute confiance et toute sécurité. L'utérus est un système extraordinairement efficace pour protéger le foetus en développement des secousses et des chocs du monde extérieur. C'est un endroit sûr où ne peut pénétrer que ce qui contribue à la formation de la vie physique.

De la conception à la tombe, l'utérus est probablement l'endroit le plus sécurisant que nous aurons jamais connu. Quand nous le quittons, nous sommes menacés par toutes sortes de dangers. Nous nous retrouvons à la merci des fantaisies capricieuses d'une société arbitraire dont les règles ne sont pas celles du royaume de la vie. Dans l'utérus, notre beauté intérieure et notre créativité ne sont pas étouffées comme elles le seront souvent au cours de notre enfance. Au contraire, notre perfection innée peut s'exprimer et se manifester librement.

En fait, ce n'est pas étonnant que, au cours de thérapies régressives telles que l'hypnose, par exemple, les patients, las, fatigués de la dure école de la vie, rêvent souvent de retourner dans l'utérus. C'est plus ce *sentiment* de sécurité qui nous manque que l'utérus lui-même.

Avez-vous déjà vu un bonzaï japonais? Ce sont des arbres adultes, bien qu'ils mesurent à peine trente centimètres. On arrive à les garder petits en enroulant un fil de fer très serré autour de leurs branches, et en coupant constamment leurs extrémités. Ils sont entortillés dans les formes qui semblent les plus plaisantes au jardinier.

Chaque graine contient tout ce qui est propre à la plante adulte. Si on laisse les graines mûrir sans les mutiler, la plante offrira la beauté et la splendeur qui étaient latentes dans la graine. Si, par contre, on entasse des pierres sur la plante qui est en train de grandir, ou bien si ses branches sont pliées et déformées par des agents extérieurs, sa forme définitive ne révèlera pas tout le potentiel qui se trouvait dans la graine.

Le même processus arrive à la plupart des enfants. Leur personnalité est annihilée par un système éducatif basé sur le «par coeur» dont le but essentiel est de classer les enfants en grandes catégories définies par un système de notes. Leur croissance est perturbée par les attentes de leurs parents, par l'influence de leurs pairs, par les phobies arbitraires d'une société malade, par le travail, le mariage, et toutes les autres pressions de ces vingt derniers siècles. Ce n'est pas étonnant que nous regrettions la vie dans l'utérus. Ce fut un temps précieux pour grandir sans entraves, avant de nous retrouver brutalement à la merci d'un monde agressif.

## Lever le voile

Imaginez maintenant un autre monde. Vous y retrouvez le sentiment de sécurité qui vous permet de grandir sans entraves, comme vous l'avez connu dans l'utérus. Cependant, dans ce monde idéal, vous êtes protégé toute la vie — dans un véritable nid d'amour. La beauté innée de chaque personne, au lieu d'être abîmée et balayée par les vents malveillants du monde extérieur, révèle à tous sa splendeur. Chaque personne s'épanouit sur son propre chemin. Personne n'est déconsidéré, ni ignoré, ni étouffé par les attentes des autres, ni confiné dans le moule d'une société conformiste.

Ce monde imaginaire est celui où s'incarne l'Esprit de l'Utérus. Chaque individu peut s'épanouir selon sa personnalité et révéler la totalité de son potentiel humain. La liberté pour chacun de se réaliser suivant ses qualités personnelles enrichit la société.

Notre connaissance du processus de développement foetal a progressé ces dernières années; nous savons maintenant que certaines sensations traversent l'utérus. Des psychologues spécialisés dans ce domaine citent des personnes qui, des années plus tard, se souviennent de choses qui ne peuvent provenir que d'une perception intra-utérine.

Le foetus ne se met pas subitement à éprouver des sensations au moment où il sort de l'utérus. Ses sens commencent à fonctionner bien avant la naissance et à capter activement les messages du monde extérieur.

En même temps que notre connaissance spirituelle s'élargit, nous en venons à réaliser que l'utérus est aussi perméable aux forces invisibles et spirituelles qu'aux phénomènes physiques, comme les ondes sonores, par exemple. Les émotions et les pensées peuvent ainsi nous traverser physiquement pour atteindre l'enfant en développement et exercer sur lui une certaine influence.

## Vision intérieure

A cause de notre culture qui s'est principalement intéressée aux manifestations physiques et extérieures des choses, nous avons eu tendance à tout regarder — et même la naissance — uniquement sur ce plan-là. Tandis que nous accédons à un autre niveau, en nous métamorphosant en conscience en Homo Spiritus, l'homme spirituel, nous découvrons la dimension spirituelle qui sous-tend la dimension physique et l'imprègne.

Désormais, nous ne voyons plus les êtres humains dans leur simple forme extérieure. Nous découvrons la réalité intérieure des choses. Nos yeux physiques ne sont plus notre seule source d'information. Nous regardons avec les yeux de l'esprit, et découvrons souvent les subtilités qui dépassent de loin le domaine des sens. La vision de notre oeil intérieur peut être en contradiction avec celle de nos yeux physiques. Quand ceux-ci regardent le gland du chêne, ils voient seulement une petite chose insignifiante. Cependant, si nous le regardons avec un regard spirituel, tout son potentiel nous apparaît et révèle un chêne magnifique.

De la même manière, nous prenons conscience que l'utérus physique n'est pas le dernier mot de l'histoire. Il n'en est que le début. Une autre et grande réalité lui est sous-jacente: l'Esprit de l'Utérus.

L'Esprit de l'Utérus possède toutes les qualités que nous associons à l'organe: sûreté, sécurité, paix, tranquillité, développement, protection. On pourrait le définir comme le lieu où le processus de la vie reste inviolé.

Tout couple qui attend un enfant a la responsabilité de créer et d'entretenir l'Esprit de l'Utérus. Cette responsabilité incombe autant à l'homme qu'à la femme. Si nous regardons un couple qui attend un enfant d'un point de vue purement physique, nous considérons la femme comme seule porteuse de l'utérus. Si nous le regardons avec les yeux de l'esprit, et prenons en même temps conscience de l'Esprit de l'Utérus, nous comprenons que l'homme et la femme sont tous deux responsables de l'utérus, qu'ils doivent porter et garder pur, immaculé.

## Choisir la paix signifie ne pas choisir la guerre

En ce domaine, l'homme a une responsabilité particulière qui se situe sur le plan spirituel, contrairement à la femme dont la responsabilité se situe avant tout sur le plan physique. L'homme a une place en lui pour l'Esprit de l'Utérus et doit lui porter la plus grande attention. Cela l'oblige à ne pas se laisser pénétrer par les pensées et les émotions négatives ou destructrices. Les pensées négatives soufflent à travers la conscience de chaque personne. Elles viennent de notre propre subconscient, de la conscience collective, de n'importe où. Nous ne les accueillerons pas pour autant de plein gré ! Nous avons la possibilité de dire **NON !** Laissons-les venir à nous, sans leur résister, mais surtout, ne les retenons pas. Si nous leur permettons de s'installer, nous portons atteinte à la pureté de l'Esprit de l'Utérus.

Prenons l'exemple d'un homme qui, tout en la respectant, adopte en permanence une attitude critique vis-à-vis de sa partenaire: «Ça ne me plaît pas que tu conduises avec le pied sur l'embrayage. Ça me met en colère !». S'il veut, pendant la grossesse, essayer de conserver intact l'Esprit de l'Utérus, il pourra décider de noter toutes ces choses qui le mettent hors de lui, afin de ne pas se laisser emporter. Par ce travail, il parviendra à établir une certaine harmonie qui continuera à se développer en lui quand l'enfant grandira.

C'est justement dans les situations qui nous agacent que nous devons garder notre calme. En fait, l'exaspération est un signal qui nous permet de dire: «Voici un terrain sur lequel je dois faire attention, car il n'y règne pas la paix, l'harmonie, la joie». Je vous dis cela pour vous permettre de remédier à votre habitude d'agir sans réfléchir, et pour que vous cessiez de faire exploser ces «bombes spirituelles» qui perturbent vos possibilités d'épanouissement créatif dans votre vie et dans celle de vos proches.

Chaque moment d'irritation permet de prendre conscience d'une partie malade chez vous que vous pouvez guérir en la bénissant. Ce qui contribue habituellement à menacer la paix dans une relation entre deux personnes doit être éliminé pendant la grossesse. Une chose est essentielle: préserver l'Esprit de l'Utérus. Ces colères sont comme des flèches vibrantes plantées dans le foetus. Elles contrarient le bon développement spirituel de l'enfant. C'est avec votre intellect et avec votre coeur que vous préservez l'Esprit de l'Utérus. Vous choisissez de ne pas vous laisser aller à des comportements qui détruisent l'harmonie.

Un utérus a été créé en vous. Vous y maintenez la sécurité et la sérénité pour développer votre propre énergie spirituelle, ainsi que celle de votre enfant. Vous devez contrôler soigneusement tout ce qui se passe dans la matrice. C'est avec prudence et circonspection que vous en garderez la maîtrise. Vous devez rejeter tout ce qui n'est pas en harmonie. Seule la créativité a sa place dans ce lieu conçu pour la joie, l'accueil et la paix.

## Devenir cette force qui apporte la paix

L'homme a donc un rôle à jouer dans la génèse de l'utérus. S'il croit en l'existence de l'Esprit de l'Utérus, il prend la responsabilité de faire régner l'harmonie dans sa famille. Il est le cocréateur de ce lieu protégé dans lequel peut fleurir la vie. Pendant la grossesse, l'âme de l'enfant a besoin de nombreux facteurs vibratoires qui lui serviront plus tard dans la vie. Si ces facteurs vibratoires invisibles ne sont pas contrariés par les flèches perdues du ressentiment, de la colère, du doute ou autre sentiment de ce genre, l'âme peut construire sa maison spirituelle à l'abri de toute interférence néfaste. Si elle doit lutter contre les émotions négatives et incontrôlées des parents, elle se sentira mal accueillie. C'est ainsi que l'Esprit de l'Utérus occupe une place sacrée dans le coeur et la pensée à la fois de la mère *et* du père.

L'exercice suivant pourra vous aider à sentir l'Esprit de l'Utérus. Faites-le dans une pièce sombre et silencieuse, seule ou avec votre compagnon. Installez-vous confortablement avant de commencer. Si vous avez aussi la cassette de méditation appelée *Communier avec l'esprit de votre enfant avant la naissance*, mettez-la doucement en marche. Sinon, enregistrez l'exercice ci-dessous avant de l'écouter. Votre compagnon peut aussi vous le lire d'une voix très douce.

•••••

## Exercice

*Sentez comme vous êtes bien dans votre corps maintenant. Sentez le rythme de votre respiration quand vous inspirez et expirez. Ralentissez progressivement le rythme de votre respiration. Quand celle-ci devient plus lente et plus profonde, faites partir les tensions de la journée avec chaque souffle. Tandis que vous inspirez et expirez, votre corps s'adoucit, s'abandonne et les tensions disparaissent.*

*Expirez en rejetant tout l'air vicié de vos poumons. Détendez-vous et laissez-vous pénétrer par l'air pur, sain et frais. Inspirez et expirez plusieurs fois de cette manière. A chaque expiration, sentez les tensions quitter votre corps. Quand vous inspirez, sentez l'air frais qui pénètre dans votre cerveau et votre mental, dissipant ainsi tous vos soucis. Détournez-vous de tous vos problèmes, de vos tracas. Laissez l'air frais et pur apaiser vos frustrations, aplanissant ainsi les difficultés de votre vie.*

*Imaginez que votre corps est rempli d'une énergie de couleur verte. Cette énergie représente toutes les tensions qui se sont accumulées dans les muscles et les organes. Imaginez bien vos membres remplis de cette énergie. Commencez par les pieds. A chaque expiration, sentez l'énergie sortir de vos pieds, en même temps que le souffle. Faites autant d'expirations que nécessaire pour faire sortir ce flux vert de chaque coin et recoin du pied.*

*Montez ensuite aux mollets, aux cuisses, au pelvis et continuez toujours à monter de la même façon. Quand vous avez complètement allégé vos épaules de ce flux vert et que vous vous sentez complètement détendue, visualisez l'énergie qui emplit votre tête. Commencez derrière le crâne, en chassant l'énergie à chaque respiration. Continuez jusqu'à ce que les plus petites cavités de votre tête soient libérées de cette énergie verte, que vous ne ressentiez plus aucune tension ni raideur.*

*Déchargez enfin votre cou et votre bouche de ce fluide et sentez comment votre corps s'est complètement détendu.*

*Contrôlez attentivement chaque partie de votre corps, pour voir s'il reste encore des poches de tension. Décelez les endroits subtils où la tension subsiste encore et laissez-la s'en aller doucement au fil de votre respiration.*

*Tenez votre main, ou vos mains, à environ trente centimètres au-dessus de l'utérus. Visualisez l'enfant à l'intérieur. Imaginez que vous le voyez nettement avec les yeux de l'esprit. Représentez-vous le corps de votre enfant. En déplaçant votre main au-dessus de l'utérus, vous pouvez ressentir ce qui se passe à l'intérieur. Que ressentez-vous au niveau de votre main ?*

*Imaginez maintenant une bulle à trente centimètres ou plus autour de votre bébé. Elle représente l'utérus spirituel dans lequel l'âme rassemble la substance vibratoire qui entoure le bébé au cours de son développement. Quelle est la couleur qui vous semble prédominante? Quelles autres couleurs voyez-vous? Y a-t-il du mouvement, des pulsations ou est-ce que tout est calme?*

*Imaginez maintenant que votre main envoie un courant de lumière rayonnante vers la sphère qui entoure le bébé. Voyez ce courant de bénédiction s'écouler jusqu'à l'esprit du bébé. Le bébé réagit-il d'une manière ou d'une autre? Si oui, que fait-il? Si non, tout va bien.*

*Déplacez votre main à la surface de la sphère en l'effleurant de partout comme si vous caressiez un enfant. Vous caressez le champ énergétique de l'enfant. Vous lissez les bords rugueux et faites passer votre amour et votre dévotion à travers votre main. Vous accueillez cette âme en ce monde. Faites circuler toute la force de votre amour à travers votre main. Sentez quand vous déversez votre amour au-dessus de l'enfant. Sentez son amour revenir à vous en passant par votre main. L'intensité de ce moment est encore plus forte dans l'échange.*

*Sentez la grandeur de l'esprit qui se trouve derrière le bébé.*

*Rendez grâce à cette âme de bénir ce corps par sa présence. Rendez-lui grâce pour le moment de la conception. Sentez l'amour et la gaieté de votre coeur gagner en sens inverse toutes les étapes du développement du foetus jusqu'au moment de la conception, en l'enveloppant d'amour à chaque pas. Voyez tout cet amour dont l'Esprit de l'Utérus entoure l'enfant se prolonger*

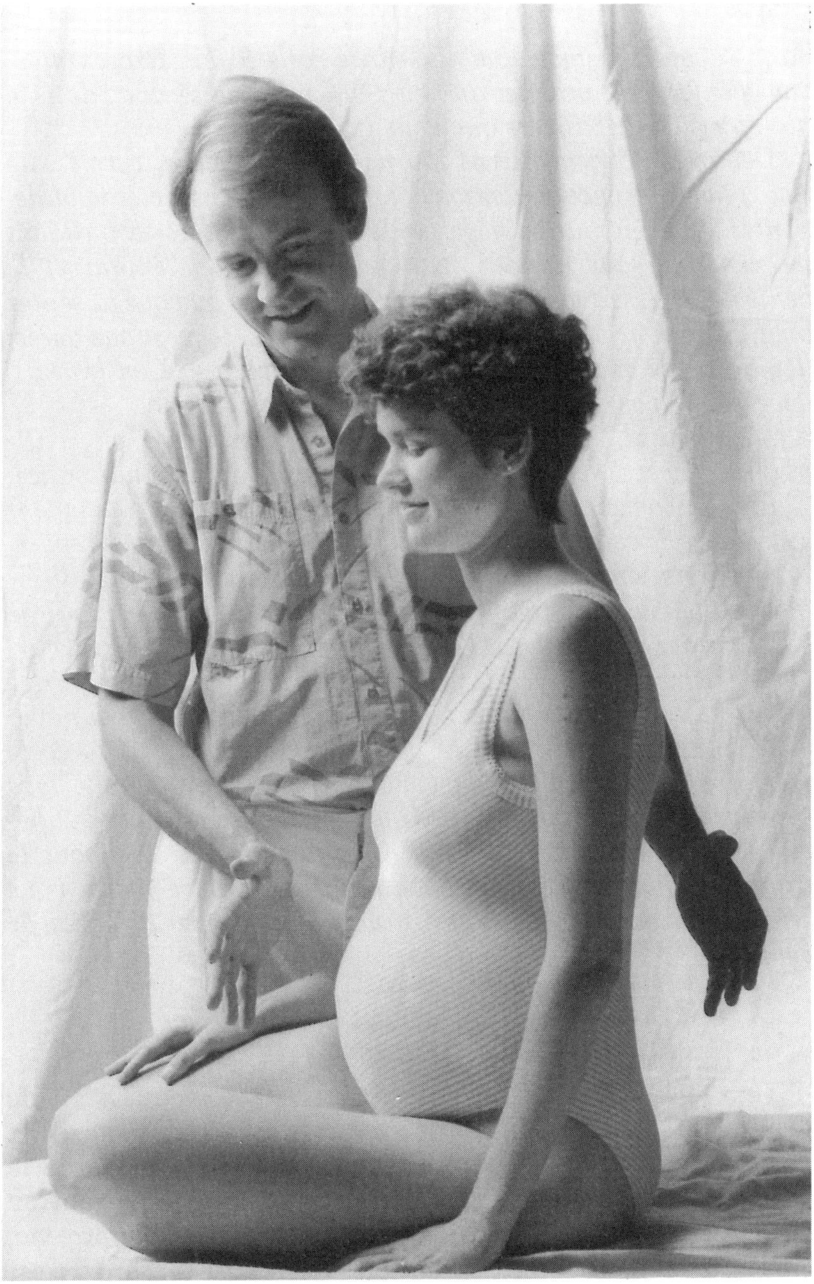

*dans l'avenir, jusqu'à une naissance sans écueil. Représentez-vous l'enfant, du premier au neuvième mois, en sécurité dans le nid spirituel de l'amour que vous lui prodiguez.*

*Déployez doucement vos mains vers l'intérieur, vers l'extérieur, encore et encore, comme pour dilater et contracter la bulle. Sentez l'énergie qui se déverse de vos doigts vers la bulle au moment où vous donnez tout votre amour à l'enfant et le bénissez. Laissez vos mains contre la bulle, là où vous la sentez bien. Si vous trouvez que trente centimètres, ce n'est pas assez, déplacez vos mains jusqu'à la bonne distance. Continuez à déverser de vos doigts votre amour et votre dévotion.*

*Maintenant, éloignez progressivement la main, en continuant à déverser ces sentiments d'amour et de reconnaissance.*

*Prenez conscience de votre respiration. Prenez lentement conscience de votre corps et sentez comme il est détendu et reposé. Prenez conscience de la pièce et de la paix qui s'y est installée.*

*Quand vous êtes prête, ouvrez les yeux et regardez autour de vous. Prenez conscience de l'endroit où vous vous trouvez. Regardez votre main. Essayez de vous rappeler, quand vous regardez votre main à n'importe quel moment de la journée, l'amour et la bénédiction qui l'ont traversée. Vous retrouverez alors dans votre mémoire l'Esprit de l'Utérus; vous retrouverez l'amour que vous éprouvez pour votre bébé et celui qu'il a pour vous. Vous n'oublierez pas ce sentiment: votre main est toujours là pour vous le rappeler. Chaque fois que vous regarderez votre main, vous sentirez votre amour et votre gratitude se déverser en direction de l'enfant.*

•••••

Une fois que vous êtes entrée en contact avec l'Esprit de l'Utérus et que vous en avez découvert le caractère sacré, il y a de grandes chances pour que vous n'ayez plus envie de le quitter. Vous souhaiterez qu'il vous accompagne partout où vous irez et dans tout ce que vous ferez, tout le reste de votre vie, car l'enfant que vous faites grandir est en réalité l'enfant qui est

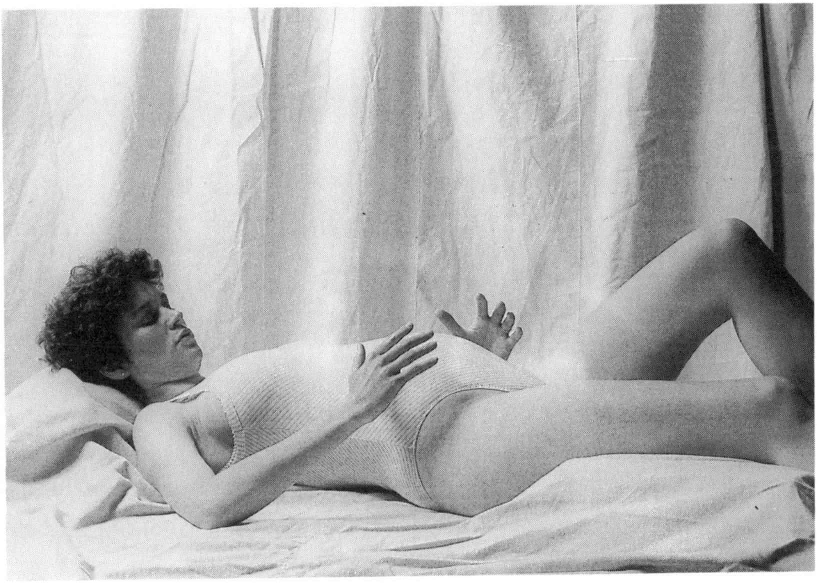

en vous, l'enfant extérieur est simplement une icône qui représente l'esprit de votre propre naissance intérieure. Nous devrions nous sentir impliqués chaque jour dans cette naissance. L'occasion nous en est donnée constamment: en fait, à chaque moment !

Vous pourrez repenser à cet exercice pendant la journée, afin de vous souvenir de l'esprit de l'Utérus, car il occupe un espace dans notre mental et dans notre coeur d'où il a constamment besoin d'être entretenu et nourri, de paix et d'équilibre. Au fur et à mesure que nous développons cet espace à l'intérieur de nous-mêmes, nous en comprenons toute l'importance pour le développement de notre enfant.

L'âme qui s'incarne peut faire d'énormes progrès si les parents l'aident consciemment en essayant de lui donner l'espace vibratoire nécessaire à son travail. Notre monde est prêt à l'impact de ces âmes dont on a facilité l'incarnation. Lorsque nous accueillons l'Esprit de l'Utérus dans notre conscience, nous apportons à l'ensemble de la planète ce dont elle a le plus besoin.

## CHAPITRE QUATRE

# Sentir l'âme du foetus: L'Incarnation et le Véhicule

## Dimensions intérieure et extérieure de l'être

Si les individus sont très différents les uns des autres à tous les niveaux d'existence extérieurs de leur être (particularités physiques, expression des sentiments, façon de penser), nous retrouvons les mêmes différences sur le plan spirituel, à tous les niveaux d'existence de l'être. Vous êtes la personne que vous connaissez le mieux extérieurement. Vous connaissez très bien aussi votre compagnon extérieurement. Et, si vous avez cherché à comprendre l'essence intérieure de votre relation, vous avez certainement développé une sensibilité vis-vis de l'identité spirituelle de votre compagnon.

Avec votre bébé, vous ajoutez à l'équation un troisième ensemble de caractéristiques intérieures et extérieures. Vous devenez un trio, ce qui crée une configuration très différente de celle d'un couple, au niveau de l'énergie spirituelle.

Les niveaux d'existence de chaque être humain, dans sa globalité, sont doubles: extérieurs — ceux-ci nous sont le plus familiers — et intérieurs. Sur le plan extérieur, nous avons le corps, le mental et le coeur. Dans le monde tel que nous le connaissons, les corps physiques se développent pour devenir adultes. Nous pouvons donc parler d'un développement physique. Le mental aussi se développe, jusqu'à un certain degré, mais il ne réalise qu'une part infime de son potentiel. Et un intellect trop bien développé empêche souvent l'esprit de s'épanouir pleinement.

Vient ensuite le coeur, ou la composante émotionnelle qui, aujourd'hui, est souvent dépréciée. Nous sommes éduqués de manière à limiter nos sentiments à l'amour et à la haine. C'est comme si nous ne savions jouer que deux notes sur le clavier d'un piano. Si notre connaissance du royaume émotionnel se limite à ce répertoire étriqué, nous ne jouerons jamais de la belle musique. Il existe des centaines, des milliers de notes. En s'accordant à toutes les gammes de nuances possibles, deux personnes distinctes n'auront jamais à émettre deux fois la même note.

Quand ces capacités extérieures du corps, du coeur et du mental (le véhicule) sont placées sous le contrôle de notre nature spirituelle ou intérieure (celle qui est incarnée), elles servent à exprimer ce qui est spirituel, à le manifester. C'est la raison pour laquelle il nous est donné de jouer de ces capacités. Mais lorsqu'elles veulent prendre le contrôle, dans leur propre intérêt, elles ne peuvent plus servir à exprimer l'énergie de la vie.

Dans le processus de la naissance, l'esprit s'unit à la forme physique par ses composantes mentales et émotionnelles, afin de s'incarner sur la terre. Chaque esprit désincarné, en se préparant à venir, déterminera la combinaison de circonstances les plus adaptées aux leçons qu'il a décidé d'apprendre et aux buts qu'il s'est choisi d'accomplir sur le grand échiquier de la création.

Chaque personne possède donc un aspect transcendant: l'esprit divin qui a choisi de s'incarner pour accomplir ses propres desseins. La forme physique est le véhicule de l'incarnation. C'est un peu comme une voiture qu'on choisit pour se déplacer d'un point A à un point B. L'esprit en est le conducteur, l'ensemble corps/intellect/coeur est la voiture. Quand cette forme extérieure du corps/esprit/coeur répond aux directives du conducteur, l'ensemble se déplace du point A au point B avec le minimum d'ennuis.

Mais si le châssis choisit une direction, le moteur une autre, l'habitacle une troisième et qu'aucun d'entre eux n'obéit aux directives du conducteur, que se passe-t-il ? Réponse: nous otenons le monde d'aujourd'hui, privé du contrôle de l'esprit.

Cette condition de l'individu, dans laquelle corps, coeur et intellect tendent vers leurs propres intérêts et non vers les tâches spirituelles pour lesquelles ils ont été réunis au départ, est une forme de schizophrénie. Le véhicule qui s'est prêté à une incarnation doit obéir aux directives de l'esprit, afin de s'inscrire dans son courant créateur. Le sort d'une voiture privée de contrôle est de se faire cabosser, défoncer, écrabouiller. C'est précisément ce qui arrive à l'*humain* séparé de son *être*. C'est la composante *être* en nous qui nous permet d'être pleinement nous-mêmes.

## L'éducation dans les sept dimensions de la vie

Un enfant élevé spirituellement possède un immense avantage sur ceux qui ne le sont pas. Si on ne nous a pas appris à respecter l'esprit quand nous étions enfant, nous pouvons l'apprendre plus tard mais au risque d'un grand nombre de chocs et de bouleversements. Si, au contraire, les enfants sont élevés spirituellement, leur esprit aura beaucoup plus de facilité pour mieux maîtriser les véhicules de leur incarnation.

Vous ne connaîtrez pas les aspects extérieurs de l'enfant avant sa naissance, ni même après. Vous découvrirez le corps, l'intellect et le royaume émotionnel de votre enfant au fur et à mesure de leur développement. Les niveaux d'existence intérieurs qui sous-tendent les niveaux extérieurs peuvent être ressentis bien avant de voir la forme physique de l'enfant. Nous utilisons nos capacités physiques pour percevoir le monde extérieur, tandis que les choses de l'esprit sont perçues par nos sens intérieurs.

Dans certains cas, il est même souhaitable d'entrer en contact avec l'esprit avant son incarnation, et même avant la conception.

Bien avant de rencontrer son compagnon, une femme peut avoir la vague intuition qu'elle apportera au monde une âme qui accomplira quelque grand dessein. Elle peut même créer un lien avec cette âme des années avant que les mécanismes physiques de son incarnation soient en place.

Une femme racontait un jour avec quelle intensité elle avait senti, quatre ans avant la conception, l'essence spirituelle de l'ange qui devait s'incarner dans son corps. Une autre développa une communion intime avec l'esprit de son enfant deux ans avant de le concevoir. Cette expérience a eu pour conséquence de stimuler son pouvoir de discernement dans ses relations avec les autres. Une entrée en contact de ce type est analogue à une conception spirituelle.

Dès que la certitude de la conception physique a été établie, les parents qui se sont éveillés à leur véritable nature d'êtres spirituels, devraient chercher à prendre conscience de l'être spirituel qui va habiter le corps de leur enfant, afin de l'accueillir.

Cet esprit arrive sur Terre dans un but précis. Il ne va pas supporter l'apprentissage de la propreté, les boutons d'acné ou les embouteillages juste pour le plaisir !

Certains hésitent avant de s'incarner, connaissant les défis qui les attendent sur Terre et les souffrances que leur identité extérieure devra traverser avant de découvrir l'être intérieur. Ces problèmes risquent de tellement accaparer les composantes du véhicule de l'incarnation que celles-ci ne s'éveilleront jamais — ou très peu — à la présence de l'âme intérieure. Pratiquement, toute l'incarnation se sera réalisée en pure perte.

## La source de l'éducation

Les parents qui prennent conscience de ces facteurs ont la possibilité d'agir très différemment. Ils peuvent faciliter le cheminement de l'âme qui s'incarne en préparant la forme physique à prendre conscience de cette présence en elle. Les parents qui ne connaissent pas leur responsabilité peuvent mettre la forme physique dans un désordre et une confusion telles que cette prise de conscience prendra beaucoup plus de temps et sera beaucoup plus douloureuse que nécessaire.

C'est pourquoi une sensibilité spirituelle est essentielle. Et ce n'est pas dans les livres de psychologie infantile que les parents apprendront à connaître les besoins de leurs enfants. Le Dr. Spock ne nous donne pas les clés d'une éducation spirituelle. Le Dr. Ruth ne nous révèle rien sur la spiritualité dans nos rapports ! Les livres sont bourrés de généralités et de principes qui concernent peut-être la majorité des enfants, mais votre enfant peut avoir des besoins *complètement* différents.

Ayez confiance en l'esprit; ayez confiance en votre connaissance intérieure. Soyez attentif à ce que votre enfant essaie de vous dire de l'intérieur de l'utérus. La lecture, les conseils, cela ne fait de mal à personne et cela peut même être très utile. Le processus de créativité consiste souvent à glaner dans notre pensée consciente des éléments de connaissance pour les rassembler en un message. Si connaissance il y a, elle pourra servir.

La connaissance emmagasinée dans les livres ou dans la tête d'un autre, fût-il un «expert», ne doit pas nous dicter notre ligne de conduite; c'est l'esprit qui doit nous guider. Des gens instruits ne sont pas plus aptes à sentir l'esprit que des personnes moins cultivées. Un esprit brillant n'est pas forcément avantagé. Les personnes vraiment brillantes sont celles qui se sont données à l'esprit et dont la conduite est guidée par les impératifs de la création. Elles ont permis à l'esprit de s'installer dans leur intellect et dans leurs sentiments, pour qu'il les guide. Le contrôle est passé de la forme physique extérieure (corps/intellect/coeur) à l'Etre de Vérité qui se trouve en nous.

Si nous donnons de l'importance à l'éducation spirituelle, toute autre forme d'éducation viendra en complément si nécessaire. Mais si nous ne laissons pas de place à l'éducation spirituelle, aucune autre éducation de ce monde ne pourra la remplacer. Trop d'instruction risque d'ajouter des habitudes de raisonnements sophistiqués qui nous éloignent des exigences de l'esprit. Nos bébés ne nous demandent pas d'être docteurs en philosophie. Ils nous demandent d'être nous-mêmes avec notre vérité intérieure. C'est ainsi que nous assurerons le passage de nos enfants dans le monde avec beaucoup plus de facilité qu'un intellect hypertrophié.

La connaissance intérieure est humaine: tout comme nos muscles qui se développent quand nous les entraînons, notre sensibilité spirituelle s'affine dès que nous l'exerçons. De nos aptitudes, tant spirituelles que physiques, on peut donc dire qu'«elles s'usent si on ne s'en sert pas». Mais les muscles nous permettent d'accomplir des tâches physiques. Ils ne peuvent pas servir à l'exécution de tâches spirituelles.

## S'accorder

Lorsque nous essayons d'entrer en harmonie avec notre bébé, nos perceptions restent souvent faibles et imprécises au début, mais elles s'affinent avec l'expérience. Nous n'avons pas appris à développer cette sensibilité quand nous étions petits, aussi avons-nous tendance à grandir sans elle. La venue d'un bébé est une belle occasion pour commencer à développer nos facultés de perception spirituelle. Et cette sensibilité permettra à notre bébé de nous communiquer ses besoins.

Une mère végétarienne était intellectuellement persuadée de la suprématie de cette forme d'alimentation. Imaginez son horreur quand, lors d'une communication avec son bébé, celui-ci lui demanda de manger de la viande pendant la grossesse ! Beaucoup de viande ! Et de la viande ROUGE ! Si elle n'avait pas pris conscience de ce que l'esprit lui demandait pour le développement physique du bébé, elle aurait été incapable de coopérer.

L'exercice qui va suivre nous met en contact avec l'esprit du foetus. Avant de commencer, installez-vous dans un endroit où vous ne serez pas dérangée. Une pièce sombre, par exemple. Mettez de la musique douce à très faible volume. Vous pouvez faire lire l'exercice par un ami ou par votre compagnon, ou bien l'enregistrer vous-même pour l'écouter ensuite. Ayez du papier à portée de main, pour noter vos impressions à la fin de l'exercice.

•••••

## Premier Exercice

*Fermez les yeux. Expirez en rejetant l'air vicié de vos poumons. Détendez-vous et laissez-vous pénétrer par l'air pur, sain et frais. Expirez et inspirez plusieurs fois de cette manière. Quand vous inspirez, sentez l'air frais qui pénètre dans votre tête et votre esprit, dissipant ainsi toutes vos préoccupations mentales. Détournez-vous de vos inquiétudes et de vos soucis. Laissez l'air pur et frais apaiser vos frustrations, aplanissant ainsi les difficultés de votre vie.*

*Imaginez que votre corps est rempli d'une énergie de couleur verte. Cette énergie représente toutes les tensions qui se sont accumulées dans les muscles et les organes. Imaginez bien vos membres remplis de cette énergie. Commencez par les pieds. A chaque expiration, sentez l'énergie sortir de vos pieds en même temps que le souffle. Faites autant d'expirations qu'il sera nécessaire pour faire sortir ce fluide vert de chaque coin et recoin du pied.*

*Montez ensuite aux mollets, aux cuisses, au pelvis et continuez toujours à monter de la même façon. Quand vous avez complètement allégé vos épaules de ce fluide vert et que vous vous sentez totalement détendue, visualisez l'énergie qui emplit votre tête. Commencez derrière le crâne en chassant l'énergie avec chaque respiration. Continuez jusqu'à ce que les plus petites cavités de votre tête soient libérées de cette énergie verte, que vous ne ressentiez plus aucune tension ni raideur. Déchargez enfin votre cou et votre bouche de ce fluide et sentez comment votre corps s'est complètement détendu.*

*Maintenant contrôlez attentivement chaque partie de votre corps, pour voir s'il reste des poches de tension. Décelez les endroits subtils où la tension subsiste encore et laissez-la s'écouler doucement au fil de votre respiration.*

*Maintenant votre corps est vide, décontracté, tout mou. Derrière vous, cependant, vous pouvez sentir la présence d'un autre être, belle et lumineuse, qui vous enveloppe. Vous vous fondez en elle. Cet être n'est qu'amour pour vous. Dans la bulle de sa présence, vous vous savez en parfaite sécurité. Vous sentez que vous êtes vraiment chez vous. Il vous accueille en lui et votre coeur est en paix de se sentir chez soi. Vous êtes libre, en sûreté, en sécurité. Vous éprouvez un élan de gratitude d'être entrée en contact avec cet être qui, en fait, est votre moi véritable. Finies les années d'errance. Vous pouvez vous reposer dans la paix de vous être trouvée vous-même.*

*Sentez la perfection de cet être, voyez comme il est beau. Dans cette bulle d'énergie qui le représente, sentez que rien ne peut vous menacer, ni vous déranger, ni vous troubler. Elle est pleinement vous. Elle est vraiment vous. Regardez cet être: il représente votre propre moi. Remarquez ses couleurs splendides, ses formes parfaites. Prenez tout le temps que vous voulez pour jouir de cette présence merveilleuse; observez en détail sa forme, sa fluidité. Immergez-vous totalement en lui dans l'extase d'une union parfaite.*

*Prenez maintenant le temps de regarder au-delà de vos «deux-êtres-fusionnés-en-un-seul». Remarquez la présence d'un autre être de lumière. C'est l'être véritable de la personne qui vous est le plus proche, de votre bien-aimé. Sentez comme l'essence de votre compagnon est parfaite. Regardez-le s'avancer lentement vers vous jusqu'à ce que vos êtres de lumière soient très proches l'un de l'autre.*

*Pensez à ce que vous avez ressenti de particulier la première fois que vous avez rencontré votre compagnon. Pensez aussi à toutes ces choses qui, chez lui, ne font pas partie de son être véritable, ces fardeaux inutiles qu'on traîne partout avec soi. Avancez et bénissez votre compagnon. Levez les mains pour toucher et guérir les parties de lui qui n'appartiennent pas à son être véritable. Ressentez de l'amour pour toutes ces parties de lui, aussi bien les bonnes que les mauvaises. Sentez toute la puissance dont vous enveloppez votre compagnon. Sentez la force et l'assurance que cette puissance lui communique. Sentez comme vos deux forces réunies sont plus puissantes que chacune séparément. Sentez votre rayonnement augmenter lorque vous vous rapprochez. Remerciez l'esprit de votre partenaire de venir s'unir à vous.*

*Maintenant portez tous deux votre attention à l'extérieur pour prendre conscience d'un autre esprit. Vous pouvez remarquer que cet esprit est différent des vôtres. Sa sphère brillante est aussi grande et complexe que la vôtre mais la partie qui représente le corps physique est très petite et n'est pas encore formée. Un géant spirituel dans une forme physique minuscule. Vous l'appelez pour qu'il se rapproche. Il s'avance lentement vers vous. N'essayez pas de l'attirer plus qu'il ne le souhaite. Laissez-le choisir lui-même la distance qui le met à l'aise. Il peut maintenir cette distance pendant que vous apprenez à vous connaître.*

*Observez-le en détail. De quelles couleurs se compose-t-il ? De quelle manière se meuvent ces couleurs ? Quelles autres caractéristiques ? Vous parle-t-il ? Si oui, que dit-il ? Si non, n'essayez pas de le forcer. Soyez simplement là, complètement présente. Demandez-lui ce que vous pouvez faire pour l'aider à s'incarner. Peut-être qu'il ne répondra rien, ou au contraire, vous fera toute une série de suggestions. Notez soigneusement tout ce qu'il essaie de vous dire, mais ne l'obligez pas à communiquer.*

*Ramenez votre bulle à un point face au foetus et tirez maintenant sur ce point comme si vous tendiez une corde entre vous et l'esprit du foetus. Voyez ce canal brillant d'énergie atteindre votre bébé et pénétrer dans sa bulle d'énergie. Sentez maintenant l'énergie qui se déverse de vous vers le foetus. Faites-lui sentir votre amour et votre attention, votre fermeté à vouloir ce qu'il y a de mieux pour lui. Sentez son énergie traverser à nouveau le canal pour arriver jusqu'à vous. Recevez cette énergie. Enveloppez-la, fondez-vous en elle. Sentez-vous transformée par ce don de lumière.*

*Permettez maintenant à cette rencontre de prendre fin. Au moment où vous vous préparez à partir, essayez de sentir si le bébé a envie de maintenir la corde d'énergie ou de la laisser jusqu'à la prochaine fois. S'il veut partir, lâchez doucement votre corde d'énergie et laissez-la se résorber en vous.*

*Remerciez l'esprit du foetus de s'être uni à vous et sentez-le s'éloigner puis disparaître. Remerciez votre compagnon de s'être joint à vous dans cette expérience. Enfin, étreignez votre partenaire puis laissez-le disparaître à son tour. Prenez conscience de la façon dont vous respirez. Inspirez, expirez, encore et encore. Sentez votre être de lumière emplir votre corps. Sentez chaque partie de votre corps remplie de cette lumière radieuse. Prenez conscience de chacune des parties de votre corps. Quand vous vous sentez prête, ouvrez les yeux, notez ce que vous venez de voir et d'éprouver. Ne négligez aucun détail.*

•••••

Le Premier Exercice de ce chapitre est une simple prise de contact avec l'esprit du bébé. Nous n'intervenons pas sur la nature de ce contact. L'exercice peut être fait plusieurs fois jusqu'à ce que vous vous sentiez tout à fait à l'aise avec l'esprit du bébé.

Le Premier Exercice permettait de définir un schéma global de communication. Une fois que ce schéma de communication entre parents et l'enfant est bien établi, il est possible de passer à un échange d'informations plus précis. C'est l'objet du Deuxième Exercice. Comme dans toute rencontre, nous avons besoin de nous sentir vraiment bien avec quelqu'un avant de commencer à lui confier nos secrets les plus intimes. Le Premier Exercice sert à franchir cette étape.

Faites ce Premier Exercice jusqu'à ce que vous ayez atteint

ce degré d'intimité avec votre enfant. Passez ensuite au Second Exercice. Avant de commencer, arrangez la pièce, de manière à vous y sentir bien, comme vous l'avez fait auparavant. Ayez de quoi écrire à portée de main, afin de pouvoir noter vos observations à la fin de l'exercice.

## Deuxième Exercice

*Fermez les yeux, expirez en rejetant l'air vicié de vos poumons. Détendez-vous et laissez-vous pénétrer par l'air pur, sain et frais. Inspirez et expirez plusieurs fois de cette manière. A chaque expiration, sentez la tension quitter votre corps.*

*Quand vous inspirez, sentez l'air frais qui pénètre dans votre tête et votre esprit, dissipant ainsi toutes vos préoccupations. Détournez-vous de vos inquiétudes et de vos soucis. Laissez l'air pur et frais apaiser vos frustrations, aplanissant ainsi les difficultés de votre vie.*

*Imaginez que votre corps est rempli d'une énergie de couleur verte. Cette énergie représente toutes les tensions qui se sont accumulées dans les muscles et les organes. Imaginez bien vos membres remplis de cette énergie. Commencez par les pieds. A chaque expiration, sentez l'énergie sortir de vos pieds, en même temps que le souffle. Faites autant d'expirations qu'il sera nécessaire pour faire sortir ce flux vert de chaque coin et recoin du pied.*

*Montez ensuite aux mollets, aux cuisses, au pelvis et continuez toujours à monter de la même façon. A l'aide de votre respiration, libérez vos épaules de cette énergie verte. Passez ensuite à la tête et au cou. Continuez jusqu'à ce que vous ne ressentiez plus aucune tension ni raideur. Sentez comme votre corps s'est complètement détendu.*

*Maintenant contrôlez attentivement chaque partie de votre corps, pour voir s'il reste des poches de tension. Décelez les endroits subtils où la tension subsiste encore et laissez-la s'écouler doucement au fil de votre respiration.*

*Maintenant, votre corps est vide, décontracté, tout mou. Derrière vous, vous pouvez sentir la présence réelle et lumineuse de votre être véritable, qui vous enveloppe. Vous vous fondez en elle. Cet être n'est qu'amour pour vous. Dans la bulle de sa présence, vous vous savez en toute sécurité. Vous vous sentez chez vous. C'est merveilleux de vous sentir à nouveau en présence de votre être de lumière. Il vous accueille en lui.*

*Sentez combien cet être est parfait; comme il est beau ! Dans sa bulle d'énergie, sentez que rien ne peut vous menacer, ni vous déranger, ni vous troubler. Elle est pleinement vous. Elle est vraiment vous. Regardez cet être: il représente votre propre moi. Remarquez ses couleurs splendides, ses formes parfaites.*

*Prenez tout le temps que vous voulez pour jouir de cette pésence merveilleuse. Observez en détail sa forme, sa fluidité. A-t-il changé depuis la dernière fois ? Le voyez-vous plus distinctement ? Ses couleurs sont-elles plus éclatantes ? Immergez-vous totalement en lui dans l'extase d'une union parfaite.*

*Prenez maintenant le temps de regardez au-delà de vos «deux-êtres-fusionnés-en-un-seul». Remarquez l'être de lumière de votre compagnon qui s'avance vers vous. Votre compagnon approche lentement jusqu'à ce que vos êtres de lumière soient très proches l'un de l'autre. Sentez comme l'essence de votre compagnon est parfaite. Quelque chose a-t-il changé depuis la dernière fois que vous l'avez vu ?*

*Avancez et bénissez votre compagnon. Tendez les mains pour toucher et guérir ce qui n'appartient pas à son être véritable. Ressentez de l'amour pour toutes ces parties de lui, aussi bien les bonnes que les mauvaises. Sentez toute la puissance dont vous enveloppez votre compagnon ainsi que la force et l'assurance que cette puissance lui communiquent. Sentez comme vos deux forces réunies sont plus puissantes que chacune séparément. Sentez votre rayonnement augmenter lorsque vous vous rapprochez. Remerciez l'esprit de votre partenaire de venir s'unir à vous.*

*Maintenant portez tous deux votre attention à l'extérieur pour prendre conscience de la présence d'un autre esprit, celui de votre bébé. La sphère brillante de son esprit est aussi grande et aussi complexe que la vôtre, mais la partie minuscule qui représente le corps physique est plus petite et n'est pas encore formée. Un géant sur le plan spirituel, un pygmée sur le plan physique. Vous l'appelez pour qu'il se rapproche. Il s'avance lentement vers vous. N'essayez pas de l'attirer plus qu'il ne le souhaite. Laissez-le choisir lui-même la distance qui le met à l'aise. Cette distance a-t-elle changé par rapport à la première fois que vous l'avez vu ?*

*Soyez simplement là, complètement présente. Observez les détails. Remarquez-vous quelque chose que vous n'aviez pas vu auparavant ?*

*Ramenez votre bulle à un point, face au foetus, puis tirez sur ce point comme si vous tendiez une corde entre vous et l'esprit du foetus. Voyez ce canal brillant d'énergie atteindre votre bébé et pénétrer dans sa bulle d'énergie. Sentez maintenant l'énergie qui se déverse de vous vers le foetus. Faites-lui sentir votre amour et votre attention, votre fermeté à vouloir ce qu'il y a de mieux pour lui. Sentez son énergie traverser à nouveau le canal pour arriver jusqu'à vous. Recevez cette énergie. Enveloppez-la, fondez-vous en elle. Sentez-vous transformée par ce don de lumière.*

*Demandez à l'esprit du foetus ce qu'il attend de vous. Posez-lui des questions précises et donnez-lui le temps de répondre. S'il ne répond pas au bout d'un certain temps, passez à la question suivante. Demandez-lui:*

*Que devons-nous manger, mon compagnon et moi, pour répondre aux besoins de ton corps en développement ?*

*De quel environnement mon corps a-t-il besoin pour faire grandir le tien ?*

*Quel environnement mental dois-je entretenir pour nourrir le tien ?*

*Quel est le climat émotionnel dont j'ai besoin pour nourrir le tien ?*

*Quelles sont, dans mes habitudes physiques, celles qui gênent ton développement et ton activité ?*

*Quelles sont, dans mes habitudes mentales, celles qui gênent ton développement et ton activité ?*

*Quelles sont, dans mes habitudes émotionnelles, celles qui gênent ton développement et ton activité ?*

*Quelles sont les habitudes, dans ma relation avec mon compagnon, qui gênent ton développement et ton activité ?*

*Quels sont les gens que tu aimerais avoir autour de toi quand tu seras un bébé et que tu ne sauras pas encore parler ?*

*Quels sont les gens que tu aimerais avoir autour de toi quand tu seras devenu un enfant ?*

*Quel est le meilleur lieu géographique pour ton développement ?*

*Quelle est ta mission essentielle sur Terre ?*

*Quels sont tes projets secondaires ?*

*En quoi puis-je t'aider pour cela ?*

*Cite-moi quelques-uns de mes projets.*

*Comment peux-tu m'aider à les réaliser ?*

*Comment t'appelles-tu ?*

*Y a-t-il des âmes proches de la tienne qui s'incarnent près d'ici en ce moment ?*

*Y a-t-il des livres que tu voudrais me faire lire ?*

*Y a-t-il des gens avec qui tu aimerais me voir parler ?*

*Y a-t-il une forme de naissance que tu préfères ?*

*Qui voudrais-tu pour sage-femme, nourrice, médecin ?*

*De quels amis ou relations souhaites-tu la présence au moment de la naissance ?*

*Comment puis-je réduire pour toi les tensions après la naissance ?*

*Comment puis-je réduire pour mon compagnon les tensions après la naissance ?*

*Quelles couleurs aimerais-tu pour ta chambre de bébé ?*

*Que devrais-je savoir d'autre avant ta naissance ?*

*Quelle est la chose la plus importante, dont je devrais me souvenir après ta naissance ?*

*Qu'aimerais-tu encore me dire ?*

*Permettez maintenant à cette rencontre de prendre fin. Au moment où vous vous préparez à partir, laissez le foetus décider s'il a envie de maintenir la corde d'énergie ou de la laisser pour l'instant, jusqu'à la prochaine fois. S'il veut partir, lâchez doucement votre corde d'énergie et laissez-la se résorber en vous.*

*Remerciez l'esprit du foetus d'être venu à vous et sentez-le s'éloigner puis disparaître. Remerciez votre compagnon de s'être joint à vous dans cette expérience. Enfin étreignez votre partenaire, puis laissez-le disparaître à son tour.*

*Prenez conscience de la façon dont vous respirez: inspirez, expirez, encore et encore... Sentez votre être de lumière emplir votre corps. Sentez chaque partie de votre corps remplie de cette lumière radieuse. Prenez conscience de chacune des parties de votre corps. Sentez-vous soutenue et renforcée par cette expérience. Réjouissez-vous de cette nouvelle capacité de contact avec le bébé et sachez qu'il sera avec vous toute la journée. Quand vous vous sentez prête, ouvrez les yeux. Prenez des notes aussi précises que possible.*

•••••

Refaites cet Exercice en utilisant votre propre série de questions. Vous pourrez également y revenir de temps en temps, pour trouver des réponses à des situations particulières qui se produiront dans votre vie. Plus votre relation s'améliore avec l'esprit du foetus, plus vous serez en mesure de lui poser des questions précises.

## Vous êtes votre propre maître

N'hésitez pas à vérifier l'information qu'il vous donne auprès d'autres sources. Si votre compagnon fait ces exercices avec vous, cette expérience vous fournit un bon élément de comparaison.

Gardez toujours un certain recul par rapport aux réponses

que vous recevez lors de ces séances. Si vous entendez votre bébé vous demander de boire trois verres d'acide sulfurique pur dans la journée, renseignez-vous d'abord sur les effets de l'acide sulfurique avant de l'avaler.

N'utilisez pas *aveuglément* ces exercices. Ne négligez pas pour autant toutes les ressources de votre intellect et tenez compte des intuitions et des impressions que vous suggèrent d'autres sources d'information. Notre être présente de multiples facettes. Nous devons respecter en chacune d'elle sa parcelle de sagesse. Ces exercices peuvent nous faire connaître l'une de ces facettes. Mais si nous n'avons plus d'yeux que pour celle-ci, au détriment des autres, nous n'atteindrons pas la plénitude de notre être.

Par conséquent, ne perdez pas votre sens critique pendant ces méditations. **C'est vous qui devez maîtriser le processus.** Vous ne pouvez pas en reléguer la responsabilité à un être qui vous guiderait de plus haut.

Mais une fois que vous avez accepté votre propre identité spirituelle, vous êtes prête à recevoir l'information que vous envoie à ce niveau l'identité spirituelle de votre bébé, et à établir avec lui un lien bien avant la naissance. Les réponses qui vous sont ainsi communiquées pourront vous aider à préparer cet heureux événement.

# CHAPITRE CINQ

# Exercices de Radiation

## Champs bio-énergétiques

Chaque personne est entourée d'un champ d'énergie invisible appelé «aura» par les mystiques orientaux, «champ bioplasmatique» par les chercheurs en médecine russes, «champ électro-magnétique» par les physiciens. Il entoure de 50cm à 1,50m le corps physique, de la tête aux pieds, en prenant plus ou moins la forme d'un oeuf.

Les couleurs de ce champ varient d'une personne à l'autre, car elles dépendent des caractéristiques de chaque individu. Le champ d'une personne varie continuellement, car il reflète l'état de santé général, les maladies particulières, l'état émotionnel, la veille ou le sommeil, etc.

Lorsque deux personnes sont ensemble, il y a interaction entre leurs auras même si elles ne se touchent pas physiquement. Une personne sensible peut saisir consciemment l'information véhiculée par l'aura d'une autre. L'intuition est entre autres la faculté de comprendre ces signaux que l'aura envoie continuellement et qui expriment nos intentions, notre état général ou nos qualités particulières.

Ce champ d'énergie invisible qui pénètre le corps physique de chaque personne comporte une série de points spécifiques où se focalisent différentes sortes d'énergie.

Ces points sont souvent désignés sous le nom de «chakras» (terme sanscrit qui signifie «roue»). Chaque chakra correspond à une qualité particulière. Ils sont au nombre de sept.

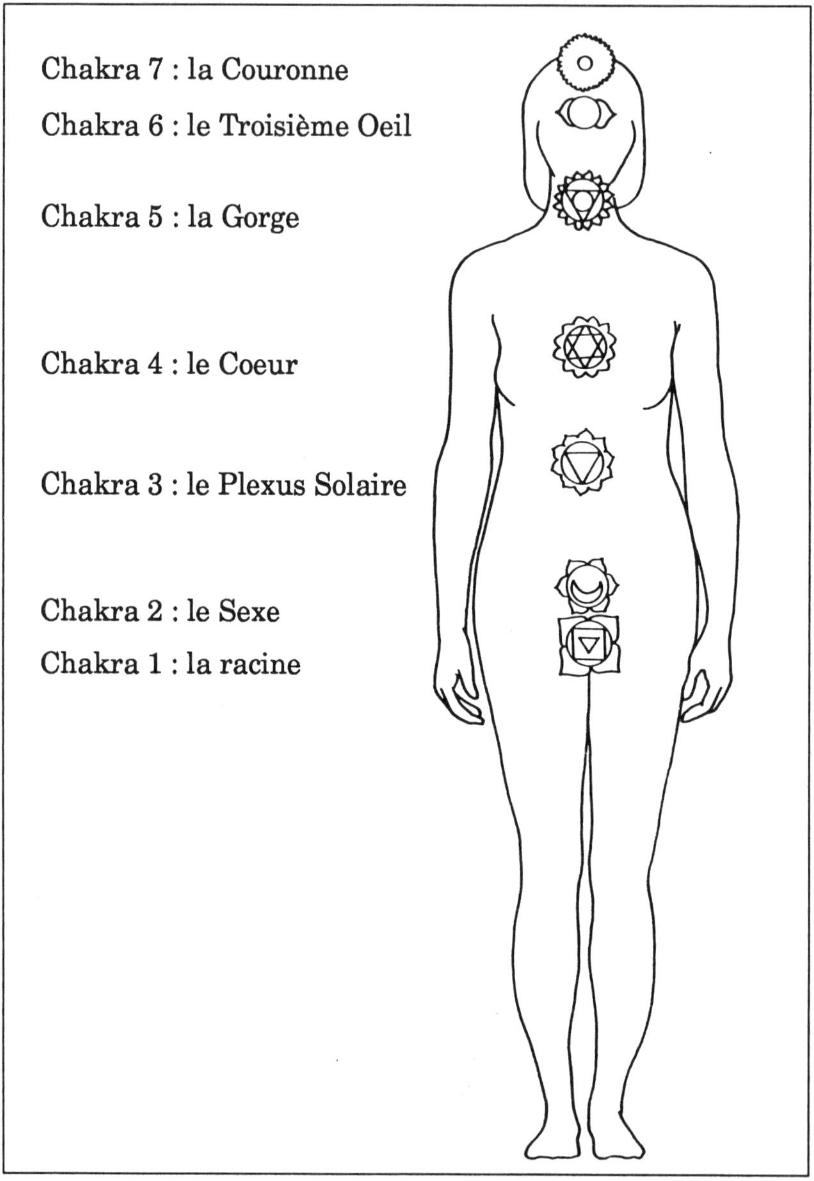
Chakra 7 : la Couronne
Chakra 6 : le Troisième Oeil
Chakra 5 : la Gorge
Chakra 4 : le Coeur
Chakra 3 : le Plexus Solaire
Chakra 2 : le Sexe
Chakra 1 : la racine

Chakras

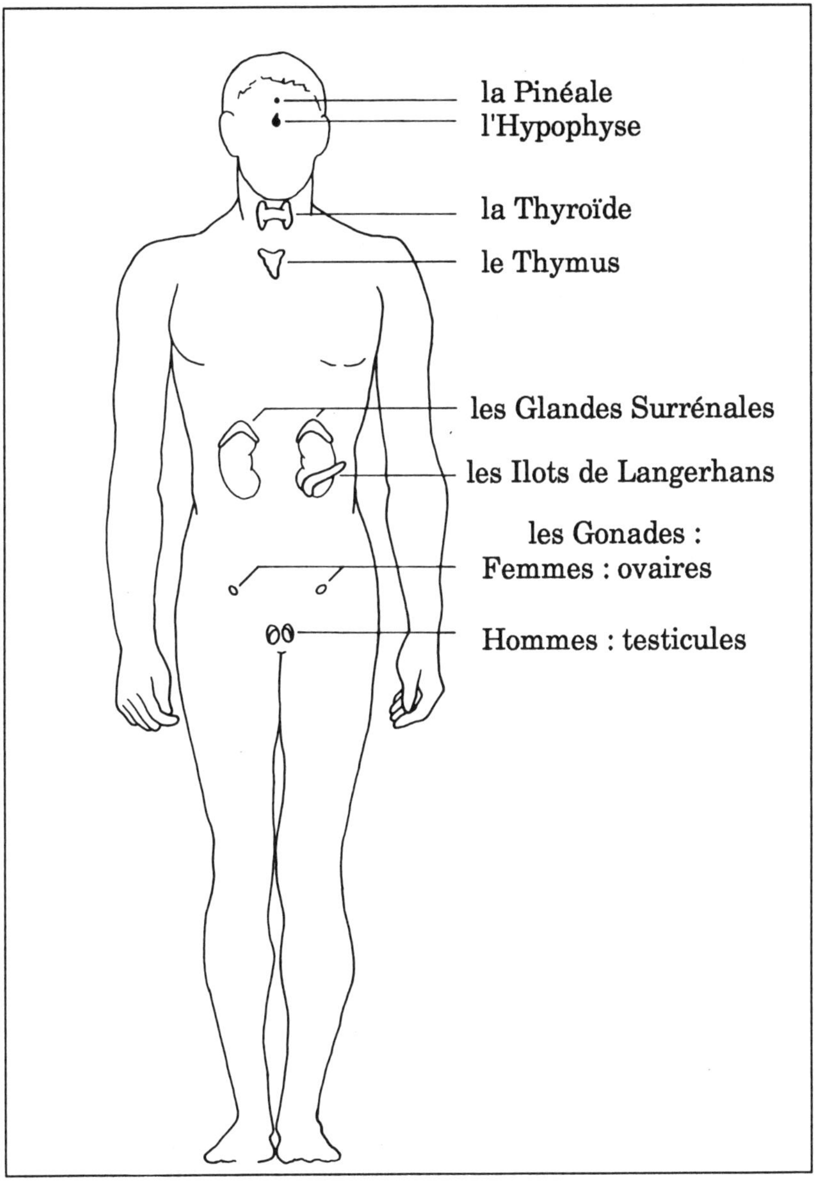


Glandes endocrines

## Le système endocrinien

Le système endocrinien est la manifestation physique de ces points bio-énergétiques invisibles. On compte sept glandes endocrines, appelées «glandes à sécrétion interne» parce que, contrairement aux glandes sébacées, salivaires, etc., leurs sécrétions dans le corps ne s'écoulent pas à travers un canal excrétoire. Les sécrétions des glandes endocrines passent directement dans le sang. Elles ont ainsi un effet immédiat sur tout le corps. Le meilleur exemple est celui des surrénales. Quand elles sécrètent de l'adrénaline, le mécanisme «lutter ou fuir» mobilise tout le corps en quelques secondes pour faire face à une situation d'urgence.

## Sentir les niveaux intérieurs

Grâce à cette corrélation entre systèmes bio-énergétique et physique, il est possible d'obtenir de nombreux résultats thérapeutiques en s'adressant directement aux facteurs bio-énergétiques, sans passer par le physique. En d'autres termes, vous n'avez pas besoin de toucher le corps pour agir sur lui. Le bien-être physique dépend pratiquement toujours du bien-être intérieur.

Avec de la pratique, nous devenons de plus en plus conscients de ces niveaux invisibles de notre être. Au fur et à mesure que nous affirmons notre sensibilité dans ce domaine, nos sens invisibles s'aiguisent, et nous comprenons mieux ce qui se passe à ce niveau. Nous comptons moins sur ce que nous pouvons voir, sentir, entendre, toucher et goûter, et plus sur ce que nous «sentons sans les sens» pour construire notre image des autres et du monde.

En utilisant ce mode de perception, nous pouvons entrer en interaction avec l'enfant avant la naissance, c'est-à-dire accéder à un degré de communication intense avec lui sur un plan spirituel. L'exercice ci-après peut être fait avec un enfant avant la naissance ou un nouveau-né, ou un enfant plus grand. Ce sera plus facile si l'enfant est endormi.

•••••

## Exercice 1

*Installez-vous confortablement dans une pièce qui ne soit pas trop éclairée. Prenez conscience de votre respiration. Inspirez et expirez lentement, en laissant se dissiper les préoccupations de la journée à chaque expiration. Sentez que votre esprit se calme quand vous vous concentrez sur la respiration. Sentez votre coeur s'apaiser au fur et à mesure que vous libérez votre corps de ses soucis. Continuez à vous concentrer sur le souffle. Inspirez et expirez, jusqu'à ce que votre corps, votre intellect et votre coeur soient complètement apaisés.*

*Imaginez qu'un rayon de lumière, venu du ciel, atteigne votre tête. Ce rayon est blanc, brillant, pur et vous baigne d'une douce lumière. Imaginez la source de cette lumière: c'est le seigneur de Lumière, l'Etre Suprême d'Amour, Celui qui a la véritable*

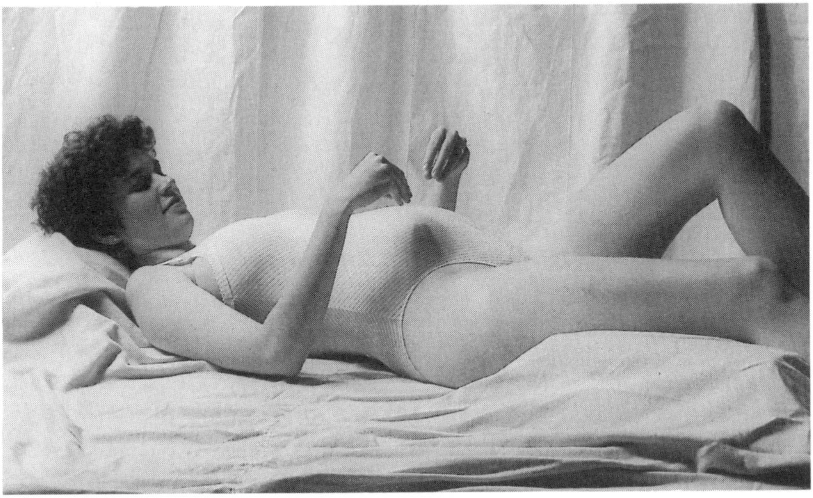

Mode spécifique — Mère seule.

Mode général — Père seul.

*responsabilité de la co-ordination de cette planète.*

*Quelle que soit votre vision de la Divinité, imaginez que la lumière émanant de cet Etre Unique vient toucher le sommet de votre tête. Sentez l'élan avec lequel vous répondez à cet océan infini d'amour. Votre gratitude s'élève jusqu'à l'Etre Unique en suivant le rayon de lumière en sens inverse.*

*Visualisez maintenant le rayon de lumière: il se répand sur votre corps, le long de vos bras jusqu'à vos mains. Quand vous le sentez dans vos mains, tenez celles-ci de manière à concentrer l'énergie en un point à l'aide de vos cinq doigts réunis.*

*Voyez venir vers vous l'essence rayonnante de votre compagnon. Dirigez le courant d'énergie que vous créez avec vos mains vers son champ d'énergie. Quand les énergies se rencontrent, les couleurs du champ sont avivées et son intensité augmente.*

*Continuez à bien concentrer cette énergie en vous servant de vos doigts comme d'une lentille focale.*

*En même temps que vous les baignez dans ce rayonnement, sentez comment vos champs énergétiques réagissent à ce toucher invisible.*

*Ouvrez maintenant les mains afin d'obtenir une énergie plus diffuse. Tenez-les à trente ou quarante-cinq centimètres environ du bébé. Diffusez doucement cette énergie vers son champ énergétique. Laissez émaner de vos mains un rayonnement et sentez comment votre propre champ et celui de votre enfant s'intensifient.*

*Laissez augmenter l'intensité de ce rayonnement d'amour qui se déverse de vos mains. Laissez la pression augmenter tant qu'elle reste agréable pour l'enfant. Laissez grandir ce courant qui émane de vous en même temps que s'intensifie la réaction de l'enfant.*

*Laissez ce flux d'amour s'écouler régulièrement. Rappelez-vous que vous n'en êtes pas le créateur, mais le transmetteur. Demeurez totalement ouverte à cet Etre Suprême dont vous focalisez l'énergie. Concentrez votre esprit sur ce rayon d'amour venu d'en haut qui se déverse sur vous.*

*Vous percevrez peut-être quelques modifications dans le champ d'énergie du bébé. N'essayez pas trop de savoir à quoi cela correspond pour garder votre esprit concentré sur l'Etre Supérieur. Quoi qu'il arrive,* ***maintenez cette communication ascendante****. Ne vous laissez pas distraire. Demeurez réceptive à l'Etre Suprême, même quand la lumière jaillit de vos mains vers le bébé.*

*Au bout d'un certain temps, vous pourrez sentir que vous maîtrisez complètement ce processus de communication par radiation. Diminuez alors progressivement l'énergie qui s'écoule de vos mains. Eloignez vos mains de l'enfant. Vos gestes sont lents. Veillez à rester en communication avec le bébé.*

*Tournez la paume de vos mains vers le ciel. Rendez grâce à Dieu pour le privilège d'avoir pu transmettre et partager Son énergie.*

*Après lui avoir rendu grâce, tournez la paume de vos mains vers l'intérieur et placez-les sur votre coeur. Sentez comme votre coeur et votre mental sont en paix et comblés. Eprouvez à nouveau ce sentiment chaque fois que vous regardez votre main au cours de la journée. Gardez-en le souvenir, surtout si vous êtes distraite ou ébranlée par un événement extérieur.*

*Sentez encore une fois votre respiration: l'air entre et sort, doucement. Vous vous sentez renouvelée, revigorée. Rendez grâce pour cette expérience et ouvrez les yeux quand vous êtes prête.*

•••••

## L'Importance Vitale de Maintenir la Connexion avec le Ciel

Pendant cet exercice, il est important de laisser de côté vos préoccupations. Plus l'expérience est intense, plus il y a de chances pour que votre coeur et votre intellect soient stimulés. Une expérience spirituelle trop forte risque de desserrer la trame de notre structure mentale. Si vous vous laissez alors distraire par les pensées séduisantes qui surgissent de votre subconscient, vous n'êtes plus dans le présent et ce qui s'y passe réellement.

Le but de cet Exercice n'est pas de nourrir le mental. **Vous travaillez sur des zones extrêmement sensibles et délicates touchant au bien-être de votre bébé. Il est CRUCIAL de rester concentrée** lorsque vous vous engagez dans ce type de travail. On y parvient en se centrant sur la communication avec l'Etre Suprême, **afin de ne pas se laisser distraire par ce qui se passe autour de soi, ou A L'INTERIEUR DE SOI.** La vie devra être maintenue en un flot ininterrompu par un intellect et un coeur exclusivement concentrés sur l'effort de guider l'esprit venu d'en-haut.

Si vous vous apercevez que vous manquez d'entraînement pour ce travail, entrez en contact avec quelqu'un dans l'un des centres d'harmonisation, dont la liste se trouve à la fin de ce livre. Vous y rencontrerez des gens qui pratiquent ce type de communication ascendante depuis de nombreuses années. L'accompagnement par une personne expérimentée est vivement recommandé pour tous ceux qui s'engagent dans la voie merveilleuse et délicate de la communication parents-enfants.

## S'habituer à communiquer par radiation

Si vous appliquez ce procédé à un jeune enfant, il est possible qu'il se mette à bouger pendant l'exercice: mouvements rapides des yeux ou des membres, choix d'une position confortable ou, peut-être, inconfortable.

Avec de la pratique dans l'art de concentrer cette radiation divine, vous prendrez l'habitude de faire ce travail instinctivement. Vous ne perdrez plus vos moyens dans les moments difficiles. Au contraire, vous verrez dans une crise l'occasion d'envoyer cette radiation spirituelle aux personnes concernées ou à votre propre coeur et intellect s'ils sont perturbés. Vous recourrez instinctivement à la communication par radiation chaque fois qu'un obstacle se dressera sur votre route. En toute situation, l'esprit sera votre principal recours.

Dans les chapitres qui suivent, nous commencerons à examiner les facteurs qui permettent d'orienter le flux vital sur chacun des sept principaux points de contact physiques. Pour chacun des points, utilisez toujours le même exercice; seule la Méditation change. Cet exercice vous fait aborder tous les points de contact spécifiques du corps de l'enfant vers lesquels vous pouvez diriger la radiation d'amour. La Méditation sur la Radiation est une invocation consciente de l'esprit pour chacun des points physiques.

## L'Esprit Crée la Forme

A chaque glande endocrine correspond un esprit, c'est-à-dire une qualité divine à laquelle cette partie du corps est associée. Quand nous dirigeons une radiation sur une partie précise du corps, notre premier but n'est pas de travailler avec l'organe physique ni de réaliser un changement sur le plan physique.

L'esprit est sous-jacent à la forme. Quand nous faisons le travail approprié sur le plan spirituel, les choses se mettent en place au niveau physique. Nous n'avons pas besoin de manipuler le corps physique pour le guérir. Si l'esprit va bien, le corps suit. Même si nous utilisons les glandes endocrines comme points de contact, ce n'est pas à elles que le bienfait de l'Exercice est destiné mais au Tout. Or justement, le caractère de globalité est inhérent à l'esprit.

L'esprit n'est pas une masse indifférenciée, comme vous l'avez vu dans l'exercice évoqué ci-dessus. Il présente des caractéristiques particulières. C'est autour des vortex spirituels que le corps prend forme. Les exercices ont pour but de favoriser une communication efficace entre l'esprit et le corps.

La maladie survient lorsqu'il y a blocage de la communication entre l'esprit et le corps. Le but de ces Exercices n'est pas de modifier la forme, mais de permettre à l'esprit de circuler librement car s'il peut accéder au corps sans entraves, il sera en mesure d'y réaliser tous les changements nécessaires.

Il existe des pôles spirituels autour desquels s'organise la matière physique. Chacun des principaux points de radiation du corps physique, chaque glande endocrine est associée à un esprit particulier. Le tableau ci-dessous décrit ces correspondances.

| GLANDE | ESPRIT |
|---|---|
| Pinéale | Amour |
| Hypophyse | Utérus |
| Thyroïde | Vie |
| Thymus | Pureté |
| Ilots pancréatiques de Langerhans | Bénédiction |
| Surrénales | Dessein Unique |
| Glandes sexuelles | Terre |

Le travail que vous réaliserez au niveau de chaque glande vous rendra sensible à son esprit et à l'effet de sa présence ou de son absence sur le corps physique. Vous nourrirez chacun de ces pôles chez l'enfant, et favoriserez ainsi un échange d'énergie maximum entre l'esprit de l'enfant et son corps.

## Méthodes

L'Exercice suivant vous familiarisera avec ces points de contact chez le bébé. Vous pouvez faire cet Exercice avec un enfant *in utero,* après la naissance, à n'importe quel âge (de préférence quand l'enfant dort — pour des raisons qui sont évidentes quand il s'agit de jeunes enfants !), ou choisir votre compagnon pour ce travail.

Si les deux partenaires désirent faire ensemble l'exercice et prendre l'enfant comme sujet de l'expérience, l'une des deux devra exécuter l'exercice ci-dessus en suivant un schéma *général* de communication par radiation, tandis que l'autre fera l'exercice ci-dessous et opèrera selon un schéma plus *spécifique* (voir photos pp. 70 et 71). Autre possibilité: l'un des parents dirige la radiation sur l'enfant en s'appuyant sur les points de contact de l'autre parent. En d'autres termes, l'un des parents choisit l'autre parent comme sujet de l'expérience tout en gardant l'enfant présent à l'esprit.

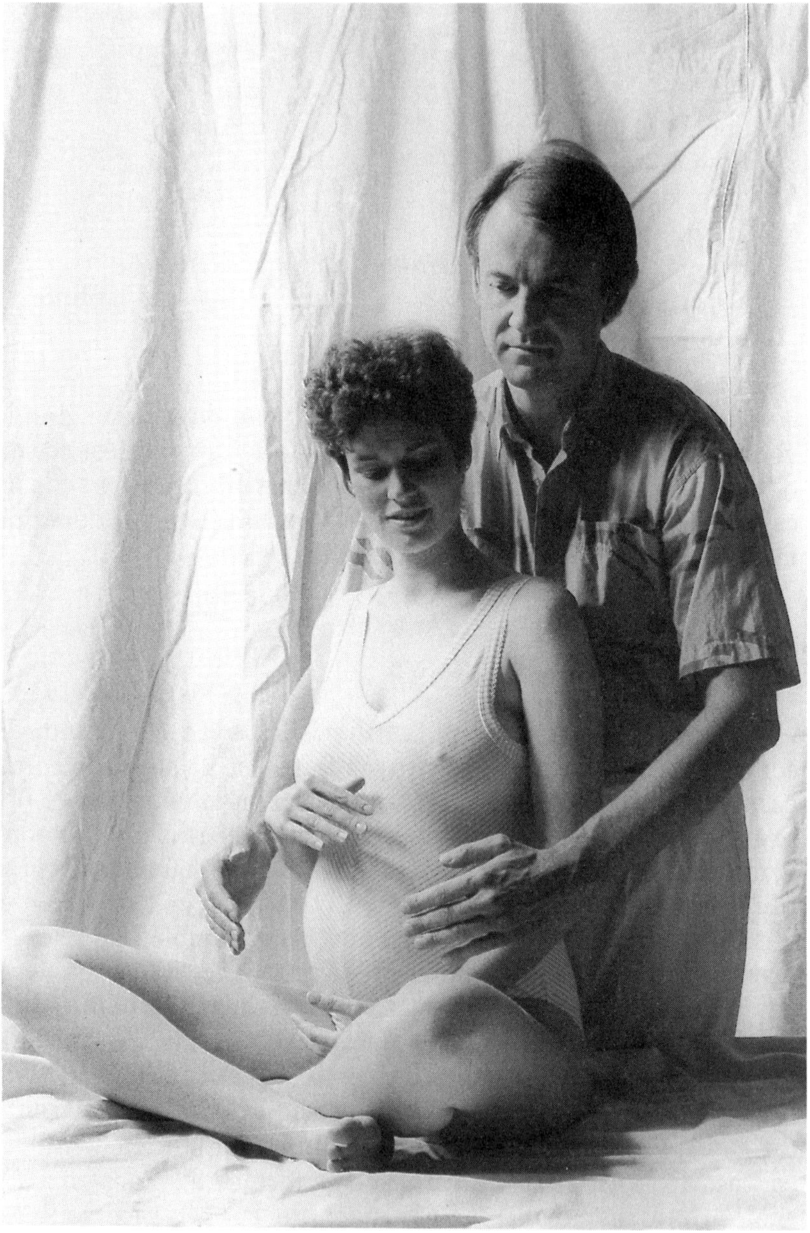

Radiation à un niveau général.

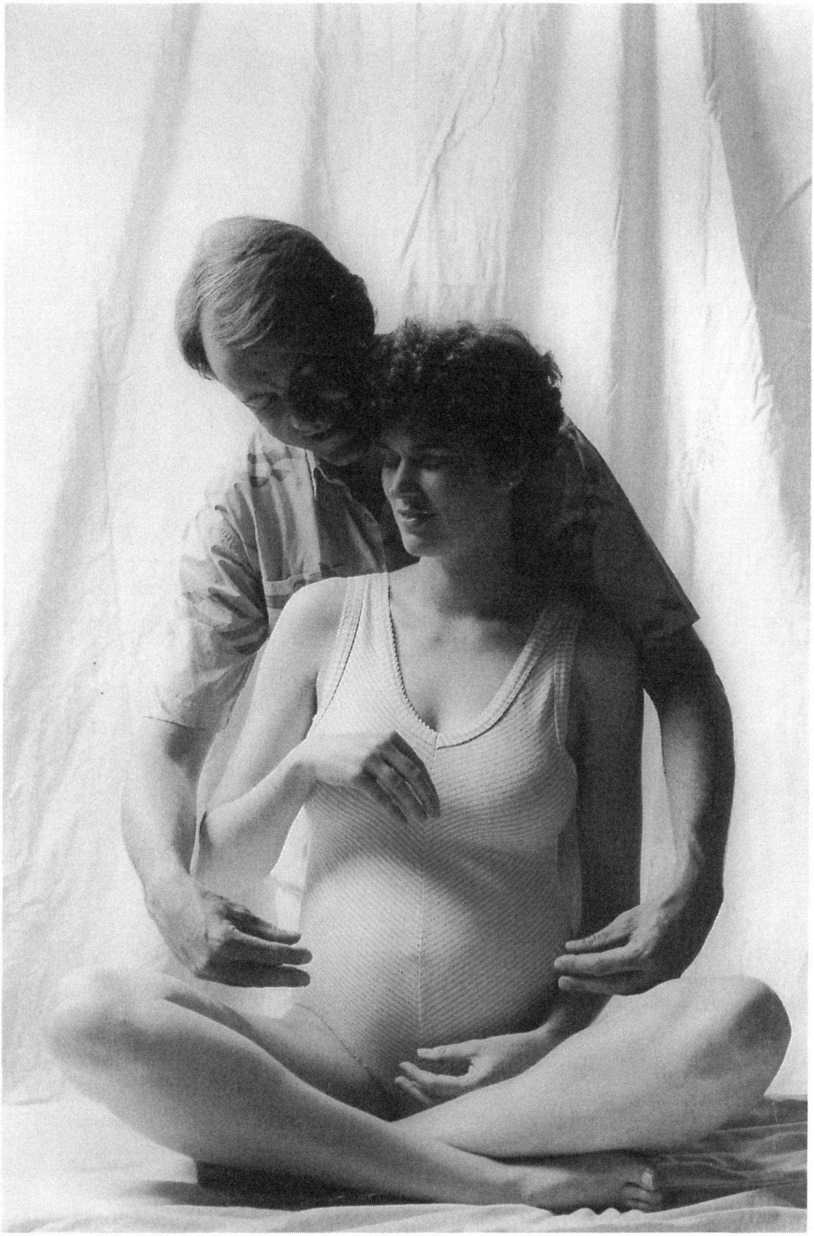

Radiation à un niveau physique.

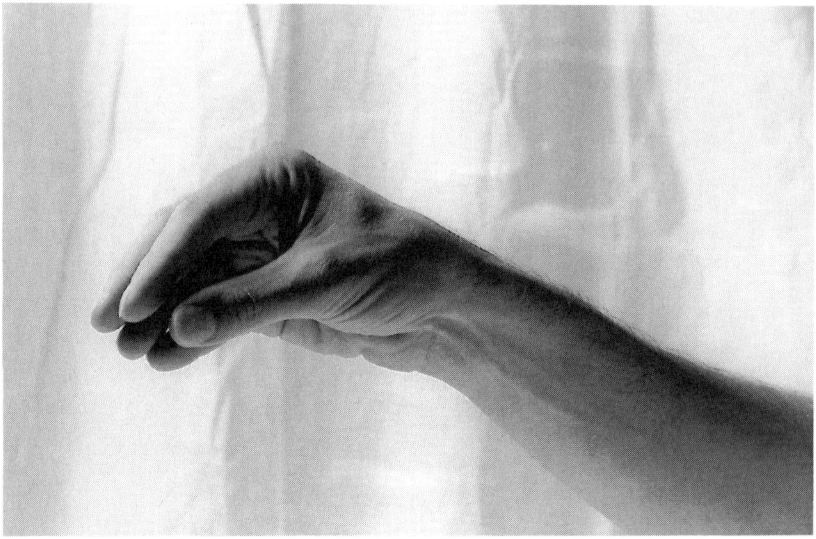

Main en position A: Concentration forte.

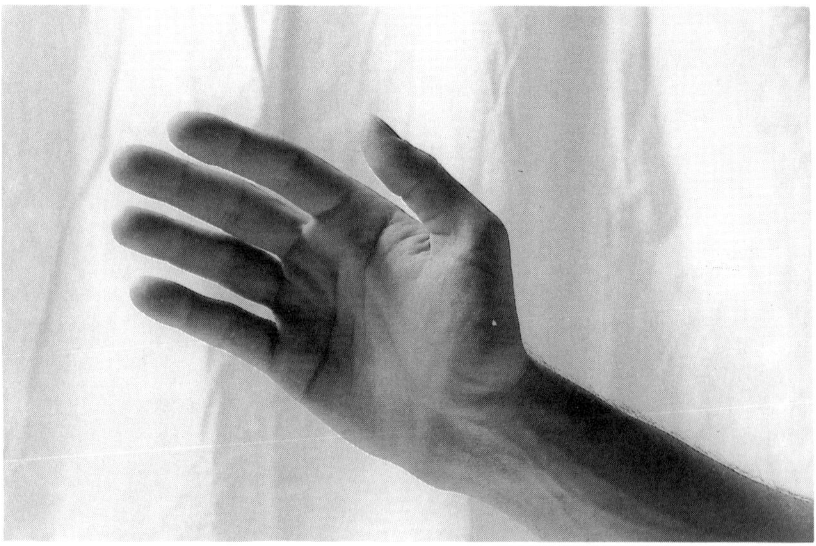

Main en position B: Concentration faible.

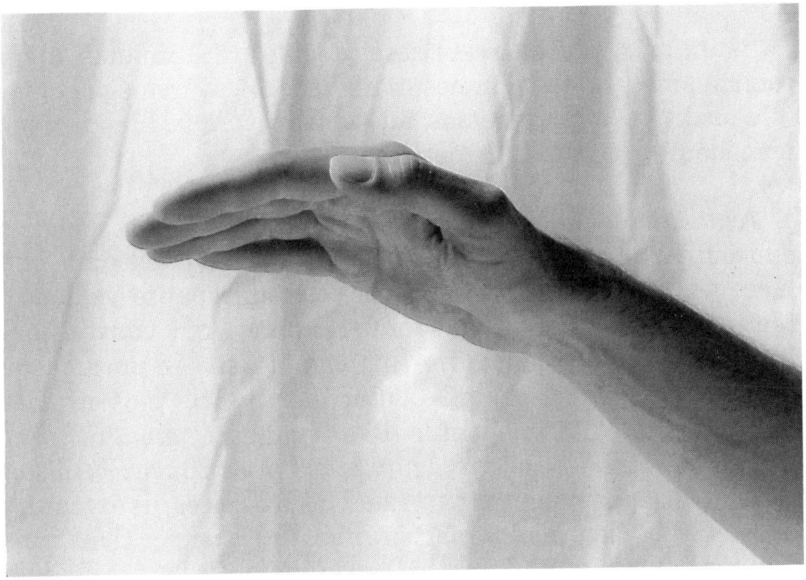

Main en position B: Concentration faible.

| Cas de figure | Position de la main | Exercice |
|---|---|---|
| Les 2 parents<br>le Foetus | Mère : A<br>Père : B<br>ou Mère : B<br>et Père : A | Mère : 2<br>Père : 1<br>ou Mère : 1<br>et Père : 2 |
| Les 2 parents<br>L'enfant endormi | L'undes parents : A<br>L'autre : B | Parent A : Ex. 2<br>Parent B : Ex. 1 |
| Un parent<br>L'Enfant endormi | A<br>B | 2<br>1 |
| Seulement la Mère<br>Le Foetus | A<br>B | 2<br>1 |
| Seulement le Père<br>Le Foetus | A<br>B | 2<br>1 |

Si une mère pratique cet Exercice seule avec l'enfant *in utero* comme sujet, la position des mains A et B pourra également être utilisée. Reportez-vous au tableau et aux illustrations précédentes pour plus de détails.

Avant de commencer l'Exercice 2, installez-vous dans un endroit calme et tranquille. Vous serez plus à l'aise dans une pièce sombre, simplement éclairée par une petite veilleuse. Mettez de la musique à très faible volume. Vous pouvez faire lire la méditation par votre compagnon ou par un ami, ou encore l'enregistrer pour l'écouter ensuite. Si vous avez la cassette de méditation dont le titre est aussi *Communier avec l'esprit de votre bébé avant la naissance*, vous pouvez l'utiliser.

Si les deux partenaires partagent les Exercices, ils exécutent ensemble les dix premiers paragraphes de l'Exercice Deux, puis l'un continuera avec l'Exercice Deux, tandis que l'autre passera au paragraphe Cinq de l'Exercice Un. Avant de commencer l'Exercice, revoyez le schéma des glandes endocrines, au début de ce chapitre.

•••••

**Exercice Deux**

*Fermez les yeux. Expirez en rejetant tout l'air vicié de vos poumons. Detendez-vous et laissez-vous pénétrer par l'air pur, sain et frais. Inspirez et expirez plusieurs fois de cette manière. A chaque expiration, sentez la tension quitter votre corps. Quand vous inspirez, sentez l'air frais qui pénètre dans votre cerveau et votre esprit, dissipant tous vos soucis. Détournez-vous de vos problèmes, de vos préoccupations. Laissez l'air frais et pur apaiser toutes vos frustrations, aplanissant ainsi les difficultés de votre vie.*

*Imaginez que votre corps se remplit d'une énergie de couleur verte. Cette énergie vient de toutes les tensions accumulées dans les muscles et les organes. Imaginez bien vos membres remplis de cette énergie. Commencez par les pieds. A chaque expiration, sentez l'énergie quitter vos pieds, en même temps que le souffle. Faites autant d'expirations qu'il sera nécessaire pour faire sortir ce flux vert de chaque coin et recoin du pied.*

*Montez ensuite aux mollets, aux cuisses, au pelvis et continuez toujours à monter de la même façon. Quand vous avez complètement allégé vos épaules de cette énergie verte et que vous vous sentez complètement détendue, visualisez l'énergie qui emplit votre tête. Commencez derrière le crâne, en chassant l'énergie à chaque respiration. Continuez jusqu'à ce que les plus petites cavités de votre tête soient vidées de cette énergie et que vous ne ressentiez plus ni tension ni raideur.*

*Déchargez enfin le cou et la bouche de ce fluide vert et sentez comme votre corps est maintenant complètement détendu.*

*Contrôlez attentivement chaque partie de votre corps, pour voir s'il reste des poches de tension. Observez les endroits subtils où la tension subsiste encore et laissez-la s'en aller doucement avec le cours de votre respiration.*

*Maintenant votre corps est vide, décontracté, tout mou. Derrière vous, cependant, vous pouvez sentir la présence d'un autre être, belle et lumineuse, qui vous enveloppe. Vous vous fondez en elle. Cet être n'est qu'amour pour vous. Dans la bulle de sa présence, vous vous savez en parfaite sécurité. Vous sentez que vous êtes vraiment chez vous. Il vous appelle à venir en lui et votre coeur est en paix de se savoir chez soi. Vous êtes libre, en sûreté, en sécurité. Vous éprouvez un élan de gratitude d'être entrée en contact avec cet être qui, finalement, est votre propre moi.*

*Voyez comme cet être est parfait, comme il est beau. Dans cette bulle d'énergie qui le représente, sentez que rien ne peut vous menacer, vous déranger ou vous troubler. C'est complètement vous. C'est vraiment vous. Regardez cet être: il est votre propre moi. Remarquez ses splendides couleurs, ses formes parfaites. Prenez tout le temps que vous voulez pour jouir de cette présence merveilleuse. Observez en détail sa forme, sa fluidité. Immergez-vous totalement en lui dans l'extase d'une union parfaite.*

*Imaginez qu'un rayon de lumière venu d'en-haut atteigne votre tête. Ce rayon est blanc, brillant, pur et vous baigne dans une douce lumière. Imaginez la source de cette lumière: c'est le Seigneur de Lumière, l'Etre Suprême d'Amour, Celui qui a la véritable responsabilité de la coordination de cette planète. Quelle que soit la vision que vous ayez de la Divinité, imaginez que la lumière émanant de l'Etre Unique vienne toucher le sommet de votre tête. Sentez l'élan avec lequel vous répondez à cet océan infini d'amour. Votre gratitude s'élève jusqu'à l'Etre Unique en remontant le rayon de lumière en sens inverse.*

*Visualisez maintenant ce rayon de lumière: il se répand sur votre corps, le long de vos bras, jusqu'à vos mains. Quand vous le sentez dans vos mains, tenez celles-ci de manière à concentrer cette énergie en un point à l'aide de vos cinq doigts réunis (*mains position A*). Dirigez le courant d'énergie que vous créez avec vos mains vers le champ d'énergie de votre enfant. Quand l'énergie touche l'enfant, les couleurs du champ sont avivées et son intensité augmente. Continuez à bien concentrer cette énergie en vous servant de vos doigts comme d'une lentille focale.*

*En même temps que vous baignez votre enfant dans ce rayonnement, remarquez comment il réagit à ce toucher invisible.*

*Ouvrez maintenant les mains afin d'obtenir une énergie plus diffuse (*mains position B*). Tenez-les à trente ou quarante-cinq centimètres environ du bébé. Laissez émaner de vos mains un rayonnement constant et sentez comment votre propre champ et celui de votre enfant s'intensifient. Observez ce dernier en détail. De quelles couleurs se compose-t-il ? Comment se meuvent-elles ? Quelles autres caractéristiques remarquez-vous ? A-t-il changé depuis la dernière fois que vous l'avez senti ?*

*Une fois que vous avez senti le champ d'énergie global du bébé et dirigé votre rayon sur lui en vous servant de vos mains tendues, resserrez vos doigts de façon à focaliser l'énergie avec plus de précision (*mains position A*). L'énergie, qui au départ entourait vos mains d'une lueur diffuse, est devenue un rayon concentré.*

*Dirigez ce rayon de lumière sur un point qui se trouve à la jonction de la tête de l'enfant et de son torse. La tête représente le siège céleste du pouvoir de contrôle; le torse, lui, représente le siège terrestre du pouvoir de réaction. En même temps, visualisez intensément l'image de votre enfant réagissant à tous les courants créatifs qui lui viennent du Ciel, instant après instant. Sentez se dissoudre tous les obstacles qui contrarient ce courant, pour qu'il puisse s'écouler librement du Ciel — siège du pouvoir de contrôle — vers la Terre, siège du pouvoir de réaction. Imaginez votre enfant en équilibre stable précisément en ce point de jonction où se rejoignent Ciel et Terre dans l'union divine des énergies créatrices (Première Méditation sur le Rayonnement).*

*Dès que ce processus d'intervention positive sur le bébé vous semble bien en place, vous sentirez que le travail de radiation est achevé en ce point et qu'il est temps de passer au suivant.*

*Dirigez vos mains sur un point situé au milieu du sommet de la tête de l'enfant. Prenez conscience, au sommet de votre tête, du point de connexion avec la corde d'argent qui descend du Ciel. Sentez l'énergie qui se déverse de vos mains et qui établit le contact en ce même point au sommet de la tête de votre enfant. Visualisez la corde d'argent qui part de la tête de votre enfant et monte au ciel. Tandis que l'énergie irradie de vos mains, sentez se renforcer le contact avec le Ciel. Voyez la corde de l'enfant vibrer avec l'énergie descendante. Sentez tout l'amour qui se déverse sur l'enfant grâce à ce contact avec l'esprit (Méditation Deux sur le Rayonnement).*

*Prenez quelques minutes juste pour jouir de ce flux. Savourez l'expérience. Dès que le flux d'énergie s'est stabilisé et qu'il s'écoule sans discontinuer, passez au point de contact suivant.*

*Le point de contact suivant se trouve juste en-dessous du premier. C'est la glande pituitaire, ou hypophyse. Elle représente l'Esprit de l'Utérus. Elle est si proche de la glande pinéale qu'il vous faut à peine bouger les mains pour la toucher. Bercez l'Esprit de l'Utérus dans vos mains. Sentez-le se fortifier au moment où vous lui envoyez votre propre esprit. Sentez l'énergie sortir de vos mains pour stimuler cette partie de l'enfant. Au moment où la radiation s'intensifie, sentez votre propre hypophyse commencer à rayonner. L'Esprit de l'Utérus symbolise le Siège de la Vérité. La Vérité est le point qui contrôle tout le reste du corps. Quand vous touchez cette glande, vous étendez l'action de la radiation à tous les autres glandes et systèmes. (Méditation Trois sur le Rayonnement).*

*Prenez quelques minutes de plaisir à vivre ce contact. Puis, quand celui-ci est bien assuré, inébranlable, passez doucement au point de contact suivant.*

*La glande thyroïde représente l'Esprit de Vie. En même temps que vous abaissez la main pour vous mettre en communication avec cet esprit, imaginez votre enfant rayonnant de vie. Imaginez que sa vie sera palpitante, riche, réussie. Prenez conscience, à nouveau, de votre respiration. Envoyez le souffle de vie au troisième chakra de l'enfant. A chaque expiration, imaginez que vous envoyez un fluide doux, pâle et bleu, dans la gorge de votre enfant, lequel lui assure une vie comblée, merveilleuse (Méditation Quatre sur le Rayonnement).*

*Dès que vous avez assuré un mode de connexion stable au niveau de la thyroïde, passez au point suivant.*

*Le thymus représente l'Esprit de Purification. Quand vous abaissez la main pour entrer en contact avec ce point, voyez votre enfant lavé de toutes les impuretés qui le traverseront. Visualisez cette glande: comment elle transforme aisément toute l'énergie négative qu'elle reçoit. Les impuretés y transitent rapidement, sans l'affecter. Tout poison ingéré , que ce soit physiquement, émotionnellement ou mentalement, passe sans difficulté grâce à un système de filtrage adapté. Si cet esprit fait le tour du monde, il purifiera la Terre sur son passage (Méditation Cinq sur le Rayonnement).*

*Quand vous sentez que le système de purification fonctionne convenablement, réjouissez-vous quelques instants de sa perfection et passez au point de contact suivant.*

*Les îlots pancréatiques de Langerhans représentent l'Esprit de Bénédiction. Pensez que votre enfant sera une bénédiction pour les gens dans leur vie. Voyez la vie de votre enfant comme une bénédiction pour le Ciel. Imaginez votre enfant comme un être rayonnant, dont chaque pas sur terre apportera la bénédiction à ce qu'il touche. Pensez que Dieu sera satisfait de votre enfant.*

*Imaginez que la main de votre enfant touche les mains de tous les gens qu'il rencontre et que celles-ci sont bénies au contact de la sienne. Imaginez que votre enfant développera des moyens ingénieux pour bénir les gens que personne d'autre n'arrive à toucher. Sentez le don de bénédiction de votre enfant se renforcer avec l'énergie que vos mains déversent sur lui (Méditation Six sur le Rayonnement).*

*Dès que cette image du don de bénédiction est solidement ancré chez votre enfant, abaissez les mains vers le point de contact suivant.*

*L'esprit du Dessein Unique est représenté au niveau du corps humain par les glandes surrénales. Pensez que votre enfant ne suivra qu'un seul et même but. Son unique dessein sera de servir Dieu. N'essayez pas de vous représenter précisément ce que cela signifie. L'enfant trouvera sa propre manière de servir Dieu, car l'Esprit du Dessein Unique fait que l'enfant aura toujours son regard dirigé vers ce qu'il y a de plus important dans la vie: sa relation avec Dieu !*

*Même si l'enfant vit dans ce monde, il exercera sa vision à percevoir Dieu en toutes choses. Ses yeux resteront imperturbablement fixés sur son but divin. Il ne sera pas détourné par des objectifs de moindre importance. Fidèle à son devenir unique, il réussira tout ce qu'il aura entrepris. Il mènera une vie magique pleine d'émerveillement. Si sa raison d'être est placée en Dieu, tout le reste se résoudra de lui-même et toutes les autres forces seront à son service (Méditation Sept sur le Rayonnement).*

*Célébrez avec votre enfant l'Esprit du Dessein Unique, à travers la radiation qui traverse vos mains. Quand vous sentirez que la forme de cet engagement s'est solidement ancrée chez votre enfant, abaissez les mains vers le point de contact suivant.*

*Les gonades ou glandes sexuelles représentent l'esprit de la Nouvelle Terre.*

*Tandis que l'énergie se déverse de vos mains vers ce point du corps de votre bébé, concentrez toutes vos pensées sur l'Esprit de la Nouvelle Terre. La Nouvelle Terre représente la Création de demain, quand le Nouveau Ciel sera en place.*

*Dès que l'esprit du bébé a pris une orientation spirituelle, résolument ancrée dans le Nouveau Ciel, l'enfant trouvera toutes les formes dont il a besoin pour créer la terre de demain, la Nouvelle Terre. Nous sentons intensément, aujourd'hui, que l'esprit des choses est sous-jacent à leur forme matérielle. Ce bébé sera en accord subtil avec les vibrations de l'Esprit, de sorte que, pour lui, chaque chose trouvera sa forme automatiquement.*

*Visualisez comment votre enfant crée sans effort sur le plan terrestre parce que sa réalité première est d'ordre spirituel. Il ne réagit pas aux sollicitations de la terre, mais à celles du Ciel. Par conséquent, l'essence divine qui s'écoule du Ciel se manifestera sur Terre à travers lui. C'est ainsi que la Terre sera renouvelée. Elle se réjouit d'être renouvelée, reconstruite, bénie et recréée, grâce à la présence sur son sol d'êtres humains proches de Dieu. Votre bébé renouvellera la Terre car il vivra en Dieu (Méditation Huit sur le Rayonnement).*

*Quand vous sentez qu'un lien solide s'est forgé avec l'Esprit de la Nouvelle Terre à travers les Gonades de votre bébé, goûtez pendant quelques instants le plaisir de ressentir cette énergie.*

*Dès que vous avez terminé votre séance de radiation en direction des glandes sexuelles, remontez vos mains le long du corps du bébé pour arriver au point où vous aviez commencé: la région du cou, entre la tête et le torse. Sentez passer en ce point le courant d'énergie qui relie l'Esprit du Ciel à l'Esprit de la Terre. Que ce courant vous paraisse identique ou renforcé par rapport à ce qu'il était au début, sentez comme il est bon et célébrez pendant quelques instants la force de vie qui descend du Ciel pour se manifester sur Terre à travers le corps de votre enfant (Méditation Douze sur le Rayonnement).*

*Maintenant, déplacez doucement vos mains vers le haut, comme si vous berciez le sommet de la tête de votre enfant. Changez l'ouverture de vos mains pour passer d'une concentra-*

*tion forte de l'énergie* (Position A) *à une concentration plus diffuse* (Position B). *Faites comme si vous berciez l'esprit du bébé. Imaginez les pensées qui occupent son esprit en ce moment plein de créativité et de paix.*

*Imaginez que cet enfant bénit tous ceux qu'il rencontre tout au long de sa vie, grâce aux pensées qui le traversent; que son esprit conscient est capable de faire vivre toute la beauté qui est en lui; que tous les mots, toutes les pensées qu'il formulera au cours de sa vie seront une bénédiction pour ceux à qui ils seront destinés (Méditation Neuf sur le Rayonnement).*

*Après avoir entouré de vos mains la tête du bébé pendant un moment, placez-les de part et d'autre de la corde qui relie le bébé au Ciel. Gardez les mains bien ouvertes, la paume n'étant pas tournée vers le bébé mais vers le ciel. Rendez grâce pour l'expérience que vous venez de vivre. Rendez grâce pour le miracle de pouvoir entrer consciemment en relation avec votre bébé.*

*Faites don au Ciel de l'enfant qui vous a été donné. Sachez qu'il n'est pas votre enfant, mais l'enfant de Dieu. Dieu bénit la Terre à travers cet enfant. Il est le moyen par lequel l'Esprit du Ciel va rencontrer l'Esprit de la Terre. Regardez votre enfant comme une vie que vous offrez à Dieu.*

*Remerciez d'avoir eu le privilège de guider les Esprits du Ciel jusqu'à votre enfant grâce aux qualités de votre coeur, de votre intellect, de votre corps et de votre esprit. Sentez comment ces qualités ont été renforcées après avoir canalisé l'énergie divine dans une forme humaine. Prenez conscience de la façon dont vous respirez; inspirez, expirez encore et encore. Sentez votre être de lumière emplir votre corps physique. Sentez chaque partie de votre corps emplie de cette lumière rayonnante. Sentez et appréciez chaque partie de votre corps physique. Quand vous êtes prête, ouvrez les yeux.*

•••••

## Variante pour l'Exercice Deux

Si, par moments, votre attention se disperse pendant l'exercice, ou si vous ne parvenez pas à maintenir une concentration régulière, pensez à conserver une respiration bien rythmée. Votre respiration vous aidera toujours à vous assurer le lien avec le plan physique.

Vous pouvez aussi faire cet exercice d'une autre façon. Au lieu de diriger les deux mains vers l'enfant dans la position A, gardez, durant tout l'exercice, la paume de l'une des deux mains dirigée vers le haut (Main position B). Vous renforcez ainsi le lien avec l'esprit et évitez de perdre le fil de la relation spirituelle dont cet exercice est le but.

Vous aurez peut-être l'impression que l'une des deux mains joue un rôle plus important dans le travail sur la radiation. Dans ce cas, visualisez comment le courant sort de cette main, traverse le bébé, ressort à travers l'autre main, puis remonte en direction du Ciel.

La main dominante, lorsqu'il s'agit de diffuser la radiation, n'est pas nécessairement celle qui prévaut pour les tâches terrestres. Vous pouvez même être gauchère et cependant sentir que la main droite laisse mieux passer l'énergie.

Par ailleurs, vous pouvez sentir qu'une main est dominante pendant une phase du processus; puis, lorsque vous passez à un autre stade de la méditation, l'autre main prend le relais. Votre sensibilité aux courants spirituels augmentera avec la pratique, et il ne vous sera pas difficile de faire la différence entre d'aussi subtiles variations d'énergie.

# CHAPITRE SIX

# Radiation sur la Glande Pinéale L'Esprit de la Couronne

## Manifestations physique et spirituelle

Le chakra le plus haut est généralement appelé le Chakra de la couronne. Des rapprochements ont été faits avec les auréoles qui entourent les têtes des saints dans les tableaux anciens. Le chakra de la couronne est souvent représenté sous forme d'un disque lumineux au-dessus de la tête.

Le point physique correspondant au chakra de la couronne est la glande pinéale. C'est une petite glande à sécrétion interne située au centre de la boîte crânienne entre les lobes gauche et droit du cerveau.

Aucune fonction physiologique du corps pinéal n'a été explicitement mise en évidence, bien qu'il existe plusieurs théories à ce sujet. On a longtemps pensé qu'il s'agissait d'une survivance d'un organe archaïque sans aucune utilité pratique ! Au XIXème siècle, les chirurgiens avaient coutume de couper les organes qui leur semblaient inutiles. Heureusement, la glande pinéale a échappé à leur attention: située exactement entre les deux lobes du cerveaux, elle est quasiment inaccessible à la chirurgie ordinaire.

Au corps pinéal est associé l'Esprit d'Amour.

C'est l'esprit suprême dont tout le reste découle. Il englobe tous les Esprits en-dessous de lui et constitue la liaison fondamentale avec le Divin. Quand ce point est en relation avec le ciel, notre corps physique est en vie; si la liaison est rompue, il meurt.

La glande pinéale représente le point de transcendance par lequel le royaume spirituel se manifeste à travers la forme physique. Les méditations des chapitres suivants sont à pratiquer conjointement avec l'Exercice Deux du Chapitre Cinq . La Méditation Un sur le Rayonnement commence au point d'articulation de la tête au cou, ou point de croisement. La Méditation Deux concerne la glande pinéale. L'Exercice Deux du Chapitre Cinq peut accompagner n'importe laquelle des Méditations sur le Rayonnement, ou encore toute la série des Méditations décrites ci-dessous.

•••••

**Méditation Un sur le Rayonnement**: Le Point de Croisement; la Jonction entre Ciel et Terre (vertèbres Atlas et Axis).

*Prenez conscience de votre respiration. Ralentissez vos mouvements respiratoires jusqu'à sentir point par point le passage de l'air que vous inspirez et expirez. Entrez en harmonie avec l'énergie de votre respiration de façon à pouvoir sentir la moindre molécule qui entre et sort. A chaque inspiration, sentez votre relation avec l'esprit. Aspirez l'énergie de votre vérité intérieure et divine à chaque inspir. Concentrez votre mental, vos pensées, toute votre attention sur cet amour rayonnant.*

*Quand vous expirez, sentez votre propre présence s'affirmer. A chaque expiration, sentez la densification de votre présence spirituelle. Sentez s'intensifier la radiation que vous renvoyez. Devenez pleinement et puissamment vous-même.*

*Focalisez l'énergie qui vous traverse en pointant vos doigts conformément à la Position A. Placez vos mains de chaque côté du point situé en haut du cou du bébé. Là, au sommet de la colonne vertébrale, se trouvent les vertèbres Atlas et Axis sur lesquelles pivote la tête, au sommet de la colonne vertébrale.*

*Sentez l'énergie qui se déverse de vos mains sur cet endroit.*

*Ce point représente la jonction entre Ciel et Terre. Le Ciel est le siège du pouvoir de contrôle, symbolisé ici par la tête. La Terre est le lieu de réaction aux volontés du Ciel et de mise en forme de ses projets. Elle est représentée par le torse. Quand ce point de croisement est débarrassé de tout obstacle et fonctionne convenablement, les essences du Ciel se répandent sur la Terre à travers lui.*

*Visualisez ce point de croisement comme un canal conducteur à travers lequel les essences spirituelles de votre bébé vont prendre forme. Laissez cet amour qui se déverse de vos doigts dissoudre lentement tout ce qui risque d'obstruer ce canal. Sentez l'énergie divine suivre librement, sans encombre, ce trajet, puis se couler dans une forme physique. Gardez vos mains dans la même position au-dessus de ce point jusqu'à ce que vous sentiez un courant fluide et libre le traverser. Attendez, pour passer au point suivant, que ce flux soit devenu continu et régulier.*

*Puis déplacez doucement vos mains vers un point au sommet de la tête du bébé. Les mouvements de votre main doivent rester très doux, car vous effleurez le corps spirituel et sacré d'un autre être.*

**Méditation Deux sur le Rayonnement**: l'Esprit d'Amour: la Glande Pinéale.

*Déplacez légèrement les mains vers la tête du bébé jusqu'à ce que vous sentiez, à l'aide de votre regard spirituel, que vous avez fermement établi le contact avec la glande pinéale du bébé. Représentez-vous un jet de lumière se déversant de vos mains sur la glande. Puissant comme un rayon laser, c'est un faisceau d'amour éclatant et pur. Il stimule la région de la glande et assure la connexion avec le courant d'amour divin qui descend du Ciel sur la tête du bébé.*

*Voyez ce courant d'énergie vibrante alors qu'il se déverse sur la tête du bébé, unissant l'enfant à Dieu. Caressez ce flot de lumière. Réjouissez-vous de la relation qu'il établit entre le tout divin, le Tao, et la forme terrestre. Bercez ce courant d'énergie dans vos mains, tout en fêtant sa rencontre avec le point de contact physique qui se trouve dans la glande pinéale.*

*Formulez le voeu suivant en le ressentant du fond de votre être avant de l'adresser à l'enfant:*

*«Tu es amour. L'amour inspire tous les autres aspects de ton fonctionnement vital. L'amour est l'essence de ta nature. L'amour est ta raison de vivre. C'est ce courant d'amour constant et divin qui te soutient dans la vie terrestre. Si cette corde d'argent n'existait pas, ton corps physique cesserait d'être. Cette colonne d'amour pénètre la moindre parcelle de ton corps. Elle pénètre chaque glande endocrine et chaque point d'énergie au-dessous d'elle. C'est le principe suprême de l'univers auquel tout doit être relié pour survivre. Réfère-toi toujours à l'amour pour tout ce qui se passera dans ta vie, mon bien aimé. Que ce soit constamment ton point de référence.*

*Maintenant, j'unis mon amour au tien, pour que nos deux colonnes d'amour se fondent l'une dans l'autre. Elles deviennent plus intenses, se renforçant l'une l'autre.*

*En cet instant, j'affirme mon alliance avec le Divin. C'est seulement grâce à cette alliance que j'ai quelque chose à t'offrir. D'affermir mon propre engagement spirituel me rend capable de diriger et focaliser le courant d'amour qui arrive vers toi.*

*Sache mon enfant que cet amour ne vient pas de moi en tant qu'individu. Dieu nous l'envoie sans compter et lorsque j'ouvre mon coeur pour le recevoir en moi, c'est à mon tour de le laisser couler, abondamment.*

*Tu ne manqueras jamais d'amour. Le manque d'amour n'existe pas. Tu ne dois pas économiser l'amour, ni avoir peur qu'en aimant certaines personnes, tu en manqueras pour les autres. Tu ne peux ni demander ni posséder l'amour. Tu peux seulement le donner. Quand on donne l'amour, il inonde le coeur de celui qui l'a donné. Dieu est amour. Dieu est infini. C'est pourquoi l'amour est infini. Je célèbre en cet instant ton alliance avec Dieu dans l'amour.»*

*Quand vous sentez que le corps du bébé a été rempli de ce flux d'amour, déplacez lentement vos mains vers le point de contact suivant.*

# CHAPITRE SEPT

## Radiation sur la Glande Pituitaire
## L'Esprit de L'Utérus

**Méditation Trois sur le Rayonnement**: l'Esprit de Vérité: la Glande Pituitaire, ou hypophyse.

*Prenez conscience du bien-être profond dans lequel vous vous trouvez. Respirez profondément. A chaque inspiration, respirez dans un rayonnement éclatant et pur. A chaque expiration, approchez un peu plus du point de concentration. L'énergie que vous dirigez devient de plus en plus concentrée et intense.*

*Déplacez vos mains vers un point qui représente le centre de la tête du bébé. Vérifiez la localisation de l'hypophyse sur le schéma du Chapitre Cinq si vous avez un doute. Trouvez ce point avec votre regard spirituel. Sentez un courant de radiation continu sortir du bout de vos doigts, et pénétrer l'hypophyse. Laissez votre intellect s'inonder de l'Esprit de l'Utérus. Soyez pleinement consciente de l'atmosphère chaleureuse, sécurisante et protectrice que vous êtes en train de créer.*

*L'utérus est l'endroit où se crée la vie. Si vous êtes capable de créer l'espace vibrant dans lequel la vie peut s'épanouir, celle-ci jaillira à profusion au rythme de votre pratique. L'utérus, dans lequel la vie se crée, est l'Utérus de Vérité. La graine de l'Amour y est fertilisée. Le produit de leur union est la Vie.*

*Imaginez que votre bébé se développe en harmonie profonde avec la réalité intérieure. Ne permettez aucune déviation par rapport à ce centrage parfait si c'est un acte de pure vérité.*

*L'hypophyse est aussi connue sous le nom de glande maîtresse, car les hormones qu'elle secrète influent sur la sécrétion d'autres hormones. Représentez-vous les outils de contrôle mis en place par cette glande pour s'assurer une fidélité totale à la vérité.*

*Au moment où votre mental se remplit de l'Esprit de l'Utérus de Vérité, laissez se renforcer le courant de vérité qui circule à travers vos mains sous l'emprise de l'Esprit d'Amour. Laissez le courant de vérité s'intensifier. A chaque expiration, insufflez l'esprit de vérité dans le coeur et le mental de votre bébé. Laissez la même glande maîtresse dans votre cerveau s'établir dans l'Esprit de Vérité absolue. Aidez-la à s'y ancrer fermement. Sentez l'amour infini qui descend d'en haut pour allumer toute la vérité dans votre coeur et apporter à votre intelligence le discernement qui lui permettra de la reconnaître. Maintenez-vous fermement dans le courant de vérité divine que le Ciel envoie à chaque moment.*

*Visualisez une ligne radiante qui relie le point de focalisation de la vérité, dans votre cerveau, au point correspondant dans le cerveau de votre bébé. Si vous vous ancrez solidement dans la vérité, l'enfant ne pourra faire autrement que de s'y ancrer solidement à son tour. Si vous ne laissez entrer que la vérité dans votre conscience, n'acceptant ni la supercherie, ni le mensonge, ni la tromperie, ni le double jeu, un rayonnement de sainteté entourera même votre corps physique. La vérité de l'amour élèvera et bénira chaque parcelle de votre univers émotionnel, mental et physique.*

*Si vous reconnaissez le caractère sacré de votre être, votre enfant verra Dieu dans la chair. Si votre forme physique devient un temple de Dieu, l'enfant aura toujours un lieu pour Le vénérer. Si, par votre pratique quotidienne, l'Esprit s'installe définitivement dans l'utérus, l'enfant grandira en sécurité. L'Utérus de Vérité est le don le plus précieux que vous puissiez faire à votre bébé pour l'aider à grandir.*

*Lorsque cet esprit a réussi à concentrer toute sa radiation à travers vos doigts dirigés vers l'hypophyse de l'enfant, prenez conscience de votre respiration. Vous inspirez l'amour de Dieu et expirez Sa vérité, en l'exprimant au travers de votre corps physique.*

# CHAPITRE HUIT

## Radiation sur la Thyroïde
## L'Esprit de Vie

**Méditation Quatre sur le Rayonnement**: l'Esprit de Vie: la Thyroïde.

*La glande thyroïde se trouve près de la pomme d'Adam (ce renflement au milieu de la gorge). Elle est le point de focalisation physique de l'Esprit de Vie.*

*Descendez vos mains le long du corps de l'enfant jusqu'à un point à l'avant de la gorge. Entrez en contact avec ce point en pointant vos doigts dans sa direction pour diriger le courant d'énergie. Soyez sensible aux courants invisibles de l'esprit pour vous orienter avec précision sur ce point.*

*La glande thyroïde régularise le métabolisme du corps et sécrète une hormone indispensable à la croissance physique. Il ne s'agit là que de la manifestation physique du centre spirituel que représente la thyroïde, offrant ainsi un point de contact corporel à l'Esprit de Vie.*

*La vie est une force qui bondit irrésistiblement de l'avant dès lors que l'Utérus de Vérité reçoit un courant constant d'amour. Nous n'avons pas besoin de créer délibérément la vie. Comme l'étincelle qui jaillit spontanément quand un pôle positif et un pôle négatif se touchent, l'étincelle de vie n'a pas à être créée pour elle-même mais résulte inévitablement de la rencontre entre des courants positif et négatif.*

*De la même manière, la vie bondit de l'avant, automatiquement, dès que l'Amour et la Vérité sont en place. C'est une force irrépressible. Au printemps, la nature explose en une incroyable prolifération et profusion de formes fraîches et éclatantes. La nature a en elle un désir inné si fort de créer qu'à un moment donné l'hiver ne peut plus le réprimer et qu'il éclate pour transformer le monde entier. De même l'Enfant de la Vie naîtra irrésistiblement dès lors que sont honorés le Père —Amour —et la Mère — Vérité.*

*Cet enfant est une manifestation sacrée du principe énoncé plus haut. La vie en cet enfant n'a pas besoin d'être créée par nos esprits conscients. Nous ne pouvons rien faire personnellement pour accélérer la croissance de cet enfant. Nous pouvons seulement prendre du recul et laisser la vie suivre son cours. Si nous agissons ainsi, elle est parfaitement en mesure de rassembler dans leur complexité les innombrables facteurs nécessaires pour créer un bébé. Pas besoin d'un mode d'emploi ! La créativité ordonnée est inhérente à la vie qui ordonne et organise. Si nous faisons entrer un supplément de vie dans notre expérience personnelle, elle apportera avec elle son sens de l'organisation pratique et aisée vers un objectif.*

*Tandis que vos mains dirigent l'amour vers le corps de votre bébé sur la région où se trouve la glande thyroïde, imaginez cet enfant éclatant de vie, de vigueur, de joie et de l'irrésistible exubérance de la vie naissante. Imaginez que la vie est un courant rayonnant d'énergie qui entoure toute la planète et imprègne tous les êtres. La quantité de cette énergie sacrée que nous admettons dans notre corps déterminera le degré de plénitude avec lequel nous allons vivre notre vie.*

*Visualisez cette énergie de vie traversant aisément le corps de l'enfant. Voyez-la s'amplifier. Sentez s'accélérer le rythme de la vie chez votre enfant au fur et à mesure que l'énergie, coulant à travers vos mains, s'intensifie. Sentez tout le potentiel qui en résulte.*

*Ce flux croissant de vie dans le corps de votre enfant l'alimente, le nourrit et enrichit son expérience. Au lieu d'un miséra-*

*ble filet de vie, imaginez un flot jaillissant qui traverse le corps de l'enfant. Placez vos mains de façon à faciliter la montée de ce courant. De la même façon que ces particules étincelantes de vie et d'énergie sont propulsées à travers le corps de votre enfant, imaginez qu'elles circulent à vitesse de plus en plus accélérée dans votre propre corps.*

*Vous ne pouvez pas donner ce que vous ne possédez pas. C'est seulement si vous permettez une pénétration accrue du courant de vie en vous que vous pourrez partager avec votre enfant ce don de vie inestimable. Imaginez votre corps rempli jusqu'à satiété de ce flot de particules étincelantes. Imaginez la joie de Dieu quand il voit l'une de Ses créatures aussi débordante de vie et nourrissant un tel désir de la transmettre à son enfant.*

*Quand vous sentez s'écouler en un flot puissant et régulier ce courant de vie qui traverse comme un éclair le corps physique de l'enfant, ne bougez plus vos mains, le temps de bien fixer cette image. Prenez conscience de votre respiration. A chaque expiration, sentez s'accroître l'intensité de ce champ de vie. Quand vous sentez que l'image obtenue est parfaite, passez au point de contact physique suivant.*

## CHAPITRE NEUF

# Radiation sur le Thymus
# L'Esprit de Pureté

**Méditation Cinq sur le Rayonnement**: L'Esprit de Purification: le Thymus.

*L'esprit de purification revêt une importance vitale à l'époque actuelle. Nous sommes en pleine période de purification: les vieux schémas disparaissent. Le vieil ordre humain créé par l'intellect d'un homme coupé de Dieu s'approche en titubant de la tombe. Un nouveau monde, que les bébés de l'avenir sont chargés de gérer, apparaît. Car la race humaine dans son ensemble a choisi la vie plutôt que l'extinction; celle-ci aurait été inévitable si nous avions attaché notre conscience au clou de l'ordre ancien en la laissant pendre là jusque dans l'oubli.*

*La période précédant la pleine manifestation du nouvel âge est une période de transition. La Terre se purifie. C'est la purification du Ciel qui le permet. Quand le nouveau Ciel prend forme, la Terre ne peut faire autrement que de suivre le mouvement.*

*Notre responsabilité, en tant que représentants conscients du nouvel ordre ne consiste PAS à aller triturer la terre pour la changer. C'est notre Ciel que nous devons transformer. Le Ciel de notre conscience. La purification s'opère en premier dans les royaumes invisibles. Quand la purification s'est réalisée en esprit, le monde physique suit sans effort. Il n'est jamais, jamais,*

*jamais besoin de manipuler la forme. Si l'esprit est pur, le corps physique le deviendra aussi.*

*La phase de purification est la période pendant laquelle beaucoup de vieux schémas disparaissent. Si nous restons attachés aux choses matérielles, nous disparaîtrons aussi. En choisissant de vivre spirituellement, nous deviendrons les agents de la renaissance spirituelle. Il y a une réserve immense de matériaux qui demandent à être transmutés par le feu de l'amour. Toutes les créations de l'esprit humain doivent passer par ce feu de purification pour savoir si elles conviennent ou non au nouveau monde.*

*En tant que race humaine, nous avons créé beaucoup de choses qui ne conviennent pas au processus de purification et ne lui survivront pas. Dans les quelques années à venir, tout doit être mis à l'épreuve de ce processus. C'est pour cela que nos capacités de purification physique et spirituelle sont si importantes. Le Thymus permet une concentration particulière de l'Esprit de Purification à l'intérieur de notre corps physique.*

*En même temps que vous dirigez le courant de vie qui sort de vos mains vers la région du thymus de l'enfant, imaginez cet endroit comme un filtre à travers lequel toutes les choses de l'ancienne terre doivent réaliser leur ascension. Seules les choses qui sont vraies, pures et en harmonie le traverseront et seront intégrées à la Nouvelle Terre. Le feu de l'amour qui brûle dans le filtre de purification fait disparaître tout ce qui n'a pas sa place sur la Nouvelle Terre.*

*De même, tout ce qui traverse le système de votre enfant doit passer à travers le filtre de purification. Tout ce qui pollue, tous les poisons, tout ce qui est cause de perturbation, tout ce qui n'est pas le mieux sera détruit par l'Esprit de la Purification. Pensez que votre enfant sera toujours pur, quelles que soient les tentations, les perturbations ou les influences négatives qui l'assailliront: rien ne pourra le toucher si ce n'est pour son bien.*

*Voyez en votre enfant la capacité de traverser les pires problèmes que vous puissiez imaginer, et d'en ressortir sain et sauf dans une pureté éclatante. Sa passion pour la pureté interdit à toute impureté de le pénétrer.*

*En tenant fermement vos mains au-dessus de ce point chez l'enfant, sentez l'Esprit de Pureté prendre racine dans le corps du bébé et s'y développer. Quand vous sentirez que cet esprit est bien implanté, passez au point de contact suivant.*

# CHAPITRE DIX

## Radiation sur les Ilots Langerhans L'Esprit de Bénédiction

**Méditation Six sur le Rayonnement**: l'Esprit de Bénédiction: les îlots pancréatiques de Langerhans.

*Si votre enfant est un canal pour l'Amour Rayonnant, s'il se développe dans l'Utérus de Vérité, s'il s'épanouit en mille fleurs de Vie et avance dans la Pureté parfaite, il bénira la Terre entière. L'esprit de bénédiction est un don naturel de celui qui sait regarder Dieu.*

*Etre béni, ce n'est pas seulement recevoir la bénédiction de Dieu, c'est aussi ETRE une bénédiction de Dieu. Celui qui est béni sème la bénédiction à chaque pas. Chaque cheveu de sa tête bénit la Terre entière. Chacune de ses expirations, en se mêlant à l'air de la planète, répand sur la Terre le rayonnement de Dieu. Celui qui est béni ne peut s'empêcher de bénir à son tour. Il a tellement à coeur de bénir autour de lui qu'il n'est pas besoin de chercher la bénédiction en sa présence: tout n'est que bénédiction. Le saint, simplement par sa présence, nous donne la bénédiction.*

*Non seulement les amis d'un être béni le sont aussi, mais Dieu est béni en retour. Dieu est honoré par la présence d'un saint.*

*Sur l'ancienne terre, il est rare que la bénédiction découle naturellement d'une simple interaction entre êtres humains. Par rapport au nombre de rencontres qui se produisent entre les hommes dans le monde, il est très rare que les protagonistes se sentent bénis. Sur la nouvelle terre, cependant, la bénédiction est une conséquence inévitable de chaque interaction humaine. Vivant dans l'amour, guidés par la vérité, éclatants de vie, les hommes et les femmes liés à Dieu ne peuvent que s'apporter mutuellement la bénédiction.*

*L'Esprit de Bénédiction se manifeste de façon particulière au niveau des îlots pancréatiques de Langerhans. Ces îlots sont un ensemble de cellules endocrines dispersées dans tout le pancréas. Celui-ci se trouve près de la cage thoracique, là où l'articulation du coude gauche rencontre le torse.*

*Dirigez l'énergie de vos doigts sur le corps de votre enfant, vers l'endroit où sont placés les îlots de Langerhans. Sentez en même temps l'Esprit de Bénédiction sortir de vous à chaque respiration. Laissez s'intensifier ce courant de bénédiction de sorte qu'il traverse vos mains avec de plus en plus de force à chaque expiration.*

*Emplissez-vous, en pensée, de la bénédiction que cet enfant va donner à ceux qu'il touchera et même à qui il pensera. Regardez cet enfant bénir la Terre et le monde physique grâce à l'attention et au respect qu'il témoigne à l'égard de l'Esprit. Imaginez la satisfaction que Dieu éprouve à la vue de cette vie qui cherche à s'offrir à Lui comme une bénédiction. Laissez ce courant de bénédiction se concrétiser à chaque expiration. Sentez-le s'ancrer fortement à l'intérieur de l'enfant. Gardez sereinement ce sentiment pendant quelques instants. Soyez vous-même bénie par la sainteté de votre enfant.*

*Quand vous sentez que l'image de cette bénédiction s'est fortement ancrée chez votre enfant, passez au point de contact suivant.*

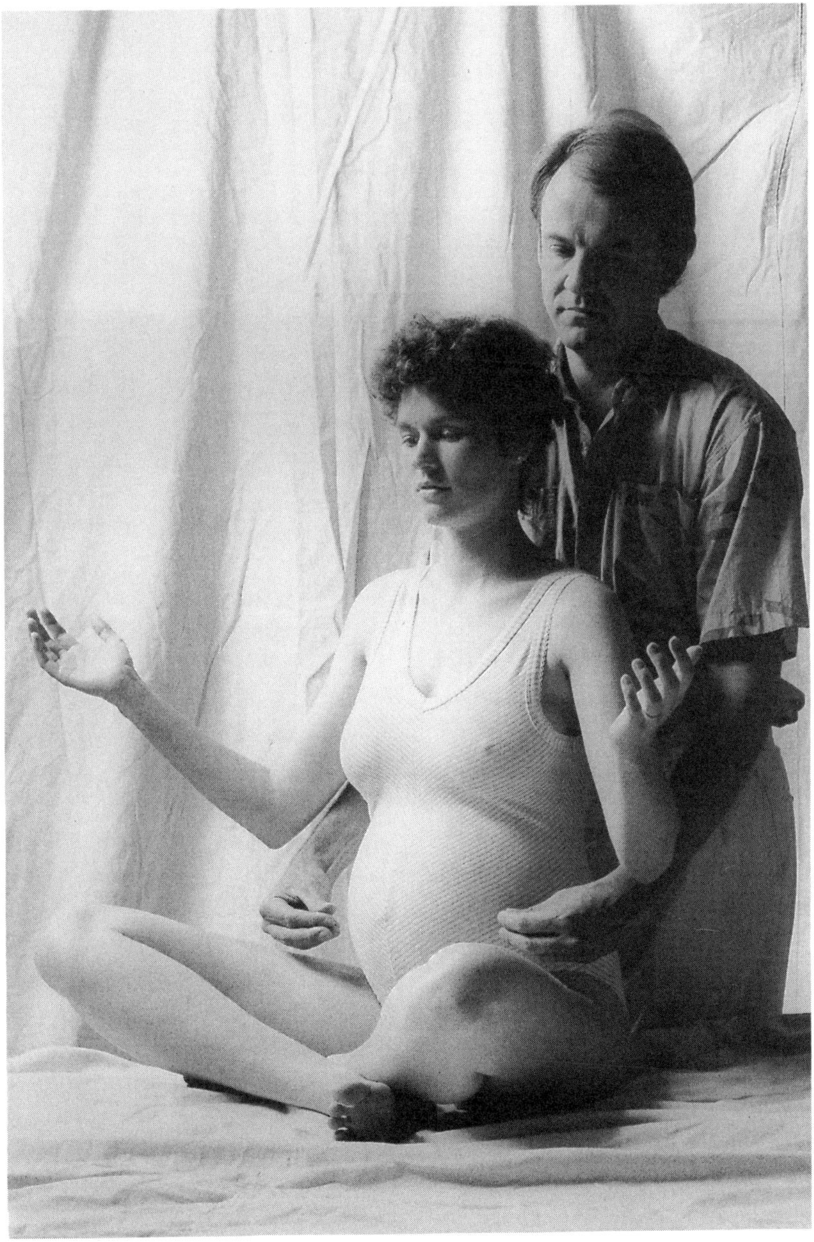

Radiation sur les îlots de Langerhans

# CHAPITRE ONZE

## Radiation sur les Surrénales
## L'Esprit du Dessein Unique

**Méditation Sept de Rayonnement**: L'Esprit du Dessein Unique: les glandes surrénales.

*Prenez conscience une nouvelle fois de votre respiration. A chaque expiration, ressentez l'équilibre de votre propre champ de vie. Sentez votre centre de gravité en relation avec l'Esprit d'Amour. Quand vous vous sentirez aussi stable que la flamme d'une bougie dans une pièce calme, descendez vos mains vers le corps de l'enfant jusqu'au point où se trouvent les glandes surrénales. Etablissez le contact à l'emplacement précis de ce point grâce à votre vue spirituelle.*

*L'hormone secrétée par les glandes surrénales stimule le corps et le prépare à l'action. L'essence spirituelle dont cette glande est la manifestation s'appelle l'Esprit du Dessein Unique. Un enfant qui incarne cet esprit ira résolument vers son but. Il n'en sera détourné ni par des impulsions, ni par des pensées confuses, ou des besoins corporels, des passions, etc.*

*Celui qui suit un but précis est maître de lui. Il ne se laisse pas ballotter de ci de là au gré des circonstances. Il n'est pas dépendant des événements. Quelles que soient les conditions, il agit en accord avec les principes créatifs. Son lieu de créativité qu'aucun facteur extérieur ne peut perturber, c'est l'Utérus de Vérité. Ses yeux sont toujours bien fixés sur leur but. Il est totalement dans l'instant et reste le maître du véhicule de son incarnation.*

*Son but est simple et ne varie pas: adorer Dieu et se mettre au service de la vie. Pour lui, point d'autres rendez-vous que l'amour et le bon service. Son objectif est unique. C'est cela qui le caractérise. Avec un but unique, on ne se laisse plus dominer par des besoins et des distractions humains. Celui qui sert un but unique ne néglige jamais les messages qui lui viennent du corps, de l'intellect ou du coeur, mais ne permettra pas qu'ils lui dictent sa conduite.*

*C'est l'impulsion créatrice de l'instant, telle qu'elle jaillit de Dieu, qui lui dicte sa conduite. En conservant les yeux fixés sur ce seul but, il permettra au Ciel de se manifester sur Terre. Son but n'est jamais d'essayer de plaire aux Hommes. Tous ses efforts sont orientés vers l'objectif unique de plaire à Dieu.*

*C'est seulement quand l'esprit se disperse ou se laisse distraire que la vision devient fragmentée et que la peur se fait sentir. La tromperie et les mensonges ne troublent jamais l'activité mentale de celui qui concentre sa vision uniquement sur l'esprit. Sa vision est rayonnante. Elle bénit tout ce qu'elle touche. Devant la perfection et l'ampleur de la volonté divine, la volonté humaine paraît insignifiante et s'éclipse.*

*En vous aidant de votre respiration, laissez l'Esprit du dessein Unique s'intensifier dans le courant qui irradie de vos mains. Sentez-le s'ancrer à l'intérieur de l'enfant. Accueillez-le dans l'utérus spirituel du bébé.*

*Tout en tenant les mains au-dessus des glandes surrénales pour accueillir l'Esprit du Dessein Unique, regardez votre enfant traverser la vie sur une ligne droite. Quels que soient les choix, quelles que soient les décisions irrévocables qu'il adoptera au cours de son expérience de vie, pensez qu'il choisira toujours le chemin qui le conduira à la plus haute expression de la volonté divine sur Terre. Imaginez qu'il affronte les brouillards du doute, de la déception, de l'épouvante et voyez comment il les traverse avec l'équanimité de ceux dont le coeur est centré en Dieu.*

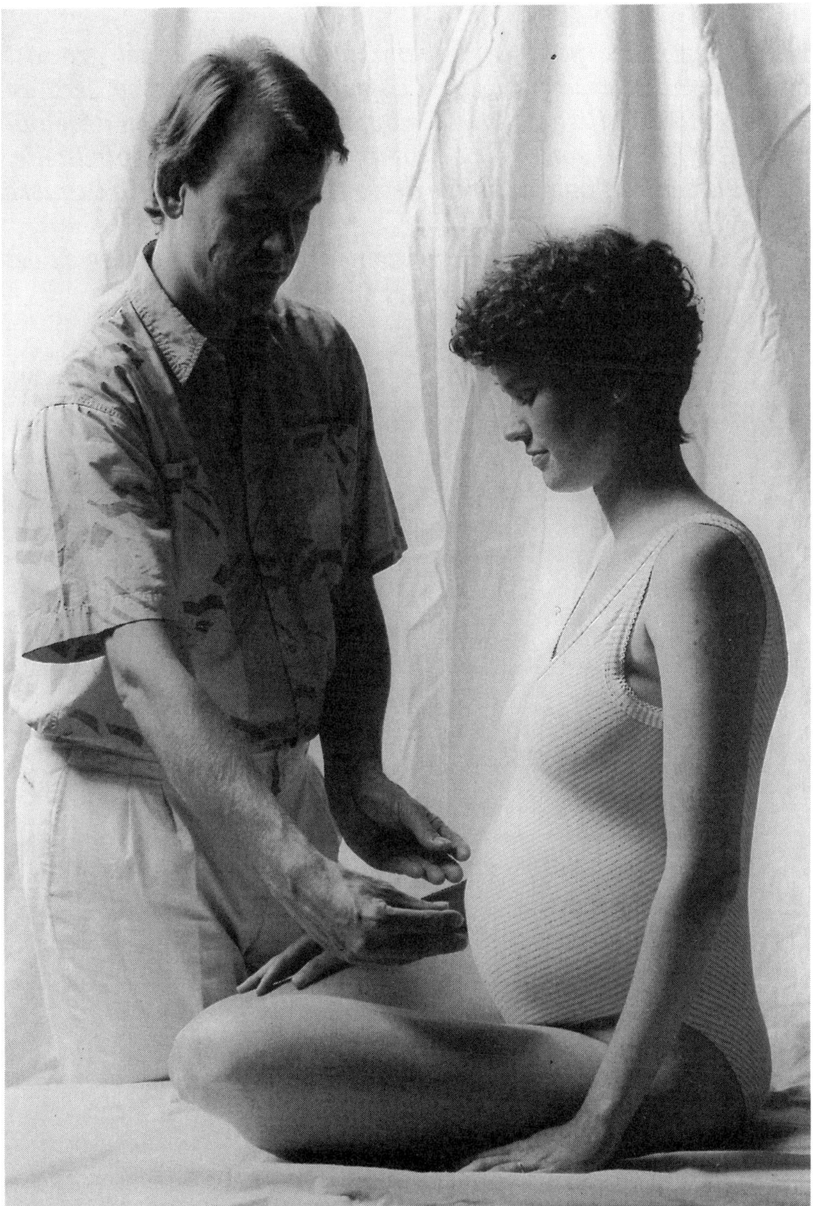

Radiation sur les surrénales

*Rendez grâce pour le dessein unique avec lequel grandit maintenant son corps dans l'utérus. Sachez que ce sera ce dessein qui mobilisera son développement mental, son développement affectif et son désir de comprendre sa nature spirituelle. Puisse cet enfant poursuivre le dessein de faire briller la lumière sur la Terre.*

*Quand vous sentez un rayonnement constant émaner de cet esprit, passez au point de contact suivant.*

## CHAPITRE DOUZE

# Radiation sur les Gonades
# L'Esprit de la Terre

Les dernières glandes endocrines, en continuant à descendre le long du corps, sont les gonades. Elles sont au nombre de deux. Chez les hommes, ce sont les testicules, chez les femmes, les ovaires. L'Esprit associé à ces glandes endocrines s'appelle l'Esprit de la Nouvelle Terre.

**Méditation Huit sur le Rayonnement**: l'Esprit de la Nouvelle Terre: Les Gonades.

*Déplacez vos mains vers le point de contact suivant, dans un geste doux et fluide, tout en pensant qu'elles touchent la zone vibratoire d'un autre être. Sentez bien le moment où elles trouvent le point physique qui représente les gonades sur le corps de l'enfant. Voyez un flux rayonnant d'énergie et d'amour se déverser de vos mains vers ce point et invoquer l'Esprit de la Nouvelle Terre. A chaque expiration, visualisez le flot d'énergie qui devient de plus en plus fort et régulier en cet endroit. Accueillez l'Esprit de la Nouvelle Terre dans votre coeur et dans votre pensée.*

*Le ciel représente cet aspect du fonctionnement humain par lequel jaillit la création. Depuis plusieurs millénaires, c'est le mental, dominé par le coeur, qui détermine les formes de contrôle humain. Or, coeur et mental sont tous deux en rupture avec le processus de créativité. Cet état de fait a contrarié les possibilités de vie sur Terre. L'homme, en agissant à part, a produit ses propres créations. Celles-ci travaillent souvent à contre-courant de la nature. La Terre que nous avons est le résultat d'un Ciel créé par l'homme. Quel gâchis !*

*Mais il est inutile de chercher à changer la Terre si le ciel d'hier reste en place et si la conscience d'hier reste inchangée. Ce n'est pas le monde extérieur qui a besoin d'être changé, c'est l'état de conscience des êtres humains. Quand l'esprit sera juste, la création le sera aussi. Tous les efforts de l'humanité pour améliorer la terre sont vains si nous restons dominés par les systèmes de pensée d'autrefois, le ciel d'hier.*

*Dès que le Nouveau Ciel aura la possibilité de se manifester, la Nouvelle Terre suivra aussitôt. Quand, cette fois-ci, la motivation humaine jaillira de l'être — et non plus du mental — l'être pourra accomplir son travail sur la Terre et celle-ci sera renouvellée. Toutes les activités seront au service de la vie, et non plus égoïstement au service des individus.*

*La Nouvelle Terre se manifestera automatiquement quand tous les autres facteurs du contrôle spirituel se mettront en place. Nous pourrons sans effort nous assurer que les facteurs extérieurs à l'enfant, les facteurs terrestres, sont en harmonie. Ils conviendront automatiquement s'ils ont été conçus par le Ciel et prendront forme en accord avec le plan céleste.*

*La Nouvelle Terre sera une célébration à la gloire du Nouveau Ciel. Nos enfants en seront les agents — les ministres de la beauté divine sur Terre. Ils répandront la lumière grâce à la qualité même de leur présence et leurs actions apporteront la beauté. Ils ne seront plus dominés par les vieilles habitudes de l'intellect et du coeur qui ont asservi les générations du passé. Ils ne seront plus limités par les interdits qui empêchèrent notre génération d'être tout ce que nous aurions pu être.*

*Ils vivront sans frontières. Ils n'en auront pas besoin parce que la présence de l'esprit jaillissant de l'intérieur de leur être coordonnera le tout. Chaque chose trouvera sa juste place au sein de la vie.*

*Pour connaître leur rôle, les enfants de la Nouvelle Terre seront à l'écoute, non pas de leurs pairs et parents, de leurs habitudes et mauvais penchants, ou des médias, mais de leur propre voix intérieure. Ils entendront les messages du Grand Esprit. Quand ils les recevront, ils renouvelleront la Terre facilement sans se forcer. Ils la régénèreront du simple fait de leur existence. Quand il sera établi dans le coeur des enfants, le Nouveau Ciel créera la Nouvelle Terre.*

*Rendez grâce pour la chance que vous avez de pouvoir vous associer avec ce jeune enfant porteur de la Nouvelle Terre. A chaque mouvement de respiration, accueillez l'Esprit de la Nouvelle Terre dans le corps de cet enfant. Sentez que l'Esprit de la Nouvelle Terre est bien implanté dans la sphère vibratoire de l'enfant. Quand vous sentez que ce courant s'est stabilisé, déplacez lentement les mains vers le point de contact suivant.*

# CHAPITRE TREIZE

# Radiation sur des Régions Particulières

En dehors des glandes endocrines, d'autres régions du corps peuvent bénéficier des bienfaits d'une radiation. Dès que les glandes endocrines sont traversées par un flux régulier, nous pouvons diriger notre attention vers ces autres points du corps.

## Les points chauds

Durant cette phase, nous pouvons également nous servir de notre sensibilité à l'esprit pour localiser certaines zones sur le corps du bébé qui réclament une attention particulière. Ce processus ressemble un peu à la manière de sentir si une personne adulte a par exemple un mauvais dos ou un foie malade. Nous pouvons «voir» cela avec notre regard spirituel. Nos mains répèrent alors une turbulence, une perturbation du flux d'énergie. Certains endroits pourront nous paraître plus «chauds» ou «glacés» au moment où nous déplaçons nos mains au-dessus d'eux. Pendant un exercice de radiation, nous pouvons nous occuper de ces zones dès que toutes les étapes endocriniennes ont été franchies.

## Connexions infinies

Nous pouvons également accomplir ce travail de radiation en faveur d'une personne en passant par l'intermédiaire d'une autre. Ce processus s'exécute facilement même à distance. Les parents d'un jeune enfant peuvent faire ces méditations même s'ils sont provisoirement éloignés de la maison. C'est un excellent moyen de maintenir une communication en l'absence d'une personne aimée. La proximité n'a pas d'importance, que ce soit dans le temps ou dans l'espace.

La radiation peut également être offerte à un foetus en utilisant le corps de la mère comme point de liaison. Dans ce cas, l'harmonisation se fait en même temps avec la mère et avec l'enfant. Cela s'applique tout aussi bien au père.

Les couples qui pratiquent régulièrement cette façon de s'harmoniser entre eux savent que ce sont peut-être les moments les plus précieux qu'ils passent ensemble. Ils en éprouvent des sentiments et des sensations trop profonds pour être exprimés. L'esprit parle bien au-delà des mots. Dire «Je t'aime» présuppose déjà qu'il y ait un «je» et un «tu», c'est-à-dire un état de séparation.

Dans le flux de la radiation, il n'y a pas de séparation, car les mots ne sont pas nécessaires. Ainsi, nous sommes assurés de ressentir l'unité profonde entre toutes choses. Quand il traverse librement les corps physiques, les coeurs et les pensées, afin d'accomplir son oeuvre de vie, l'esprit nous révèle que la séparation est une illusion. L'esprit ne connaît pas de frontières.

La radiation peut être aussi utilisée en présence de gens stressés. Vous n'aurez pas besoin de parler pour remédier à cette situation. La radiation offrira d'elle-même son influence apaisante aux coeurs et aux pensées en effervescence.

Cela s'applique également à votre propre coeur et à vos propres pensées quand ils sont perturbés. Si vous vous trouvez vous-même dans un état de détresse spirituelle, vous ne pouvez pas être créatif pour les autres. En irradiant nos propres pensées et notre propre coeur, nous nous souvenons de nos origines spirituelles. Cela nous permet de nous centrer au plus profond de notre nature.

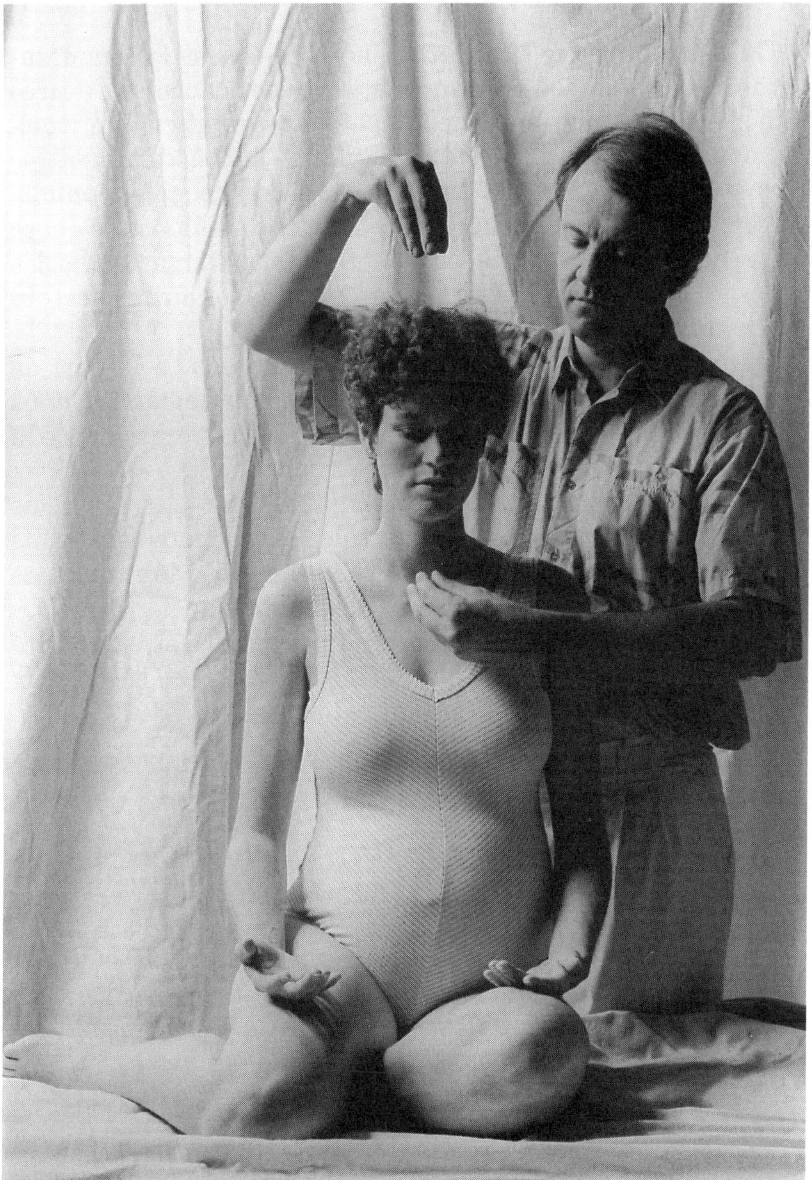

Utilisation des points de contact chez la mère; Radiation sur le Thymus avec, pour point de contact, la glande pinéale.

Dans la neuvième Méditation, nous célébrons la communication. Nous sommes tous en relation avec beaucoup d'autres personnes sur le plan spirituel. A travers ces relations spirituelles, nous ne cessons de communiquer — inconsciemment — avec d'autres personnes. Imaginez un central téléphonique avec des lignes qui partent dans toutes les directions. Ce qui se passe dans la conscience de l'opérateur traverse toutes les lignes en même temps pour arriver à toutes les autres personnes de notre réseau téléphonique.

Quand nous recevons ce genre de messages de la part de personnes avec qui nous sommes en communication, nous pouvons, sans savoir pourquoi, ressentir de la dépression, de la gaieté, de la crainte, des angoisses et bien d'autres sensations et émotions. Nous nous imprégnons de leur état. Si nous restons bien centrés dans la lumière de l'esprit, nous renvoyons naturellement de l'amour à travers la ligne. En tant qu'êtres créatifs, refusons de renvoyer des sentiments de détresse ! La neuvième Méditation nous apprend à utiliser cette capacité particulière des êtres vivants à s'interconnecter les uns aux autres dans un réseau de radiance spirituelle.

•••••

**Méditation Neuf sur le Rayonnement**: l'Esprit du Monde: Les Lobes Frontaux.

*En déplaçant soigneusement et avec respect vos mains à travers la substance vibratoire de l'enfant, arrêtez-vous à un point représenté par la partie supérieure du front, autour des tempes. Derrière cette région du crâne, se trouvent les lobes frontaux du cerveau, siège principal de notre individualité et de notre personnalité. Ouvrez les mains à nouveau* (position B de la main)*, comme si vous berciez le front de quelqu'un. Laissez votre coeur se remplir de gratitude pour la nature individuelle de l'enfant à venir. Visualisez son individualité au maximum de son potentiel. Représentez-vous l'esprit insufflant la vie dans la* *nature individuelle de cet enfant, le nourrissant afin qu'il devienne tout ce qu'il lui sera possible d'être.*

*Rendez grâce pour les personnes qui ont déjà été touchées par cet enfant, par le simple fait de son existence. Rendez grâce pour tous les contacts qu'il aura avec d'autres personnes tout au long de sa vie. Rendez grâce pour la bénédiction que cet enfant apportera dans tout ce qu'il pense, dit ou entreprend. Préservez soigneusement le trésor que représente cet enfant. Sentez l'essence de son être atteindre vos doigts et vos mains à travers les lobes frontaux. Sentez l'intensité du processus de créativité en lui.*

*Permettez l'intensification du lien entre vous. Tandis que vous bercez dans vos mains cette partie de l'esprit, imaginez que des limbes s'en détachent pour toucher toutes les personnes que l'enfant rencontrera. Ce sont autant de canaux de communication à travers lesquels il enverra sa bénédiction. Elle touchera tous ceux qui seront en contact avec ces limbes, même si ni eux ni l'enfant n'en sont conscients. A travers ces fils de communication que nous établissons avec les autres, nous aidons l'esprit à sortir de nos coeurs pour atteindre des centaines d'autres personnes.*

*Maintenant vos mains touchent et bénissent tout l'univers de l'enfant. Sentez ce flux de radiation sortir de vos mains pour toucher et bénir chaque personne à qui il pensera, parlera, jettera un simple regard ou apportera le bénéfice de sa présence. Quand vous aurez permis à l'esprit d'amour de vous traverser complètement pour atteindre ces autres personnes, déplacez lentement vos mains vers le point de contact suivant.*

•••••

**Méditation Dix de Rayonnement**: Les régions qui requièrent une attention particulière.

*Descendez très lentement vos mains le long du corps de l'enfant. Observez comment les vibrations diffèrent d'une région à l'autre de son corps. Vous pouvez remarquer à certains endroits une très grande activité vibratoire et des zones plus calmes. Utilisez votre regard spirituel et la sensibilité de votre main aux vibrations pour trouver si, en dehors des glandes endocrines, il existe d'autres régions de son corps qui nécessitent une radiation.*

*Vous sentirez peut-être le besoin de porter votre attention sur un organe donné: peut-être y a-t-il un aspect mental ou émotionnel particulier qui a besoin d'être placé sous la tutelle de l'esprit. Ou au contraire, le travail se fait comme il se doit. Quoi qu'il en soit, servez-vous de votre sensibilité spirituelle pour reconnaître les zones vibratoires et émettre la radiation là où elle est nécessaire.*

*Si vous sentez un trouble ou de l'agitation d'une certaine intensité autour d'un organe ou d'un système donné, placez vos mains au-dessus de cette région et maintenez un flux de radiation régulier jusqu'à ce que vous sentiez que l'activité vibratoire s'est stabilisée ou que vous estimiez avoir fait le maximum à cet endroit. Cela peut prendre quelques instants ou une demi-heure. Utilisez votre sensibilité intérieure pour évaluer le temps que vous devez passer à chaque endroit. Encore une fois, vous n'êtes pas en train de rétablir quelque chose, mais plutôt de partager avec l'enfant un cycle d'amour dans chacune des régions de son corps.*

*Même si vous ne remarquez aucune région particulièrement agitée, irradiez tout son corps physique du haut en bas en rendant grâce pour sa perfection. A chaque expiration, envoyez à votre bébé vos sentiments d'amour et d'appréciation. Quand vous déplacez vos mains au-dessus du corps de l'enfant, représentez-vous le fil d'argent qui vous relie au Ciel et permet à l'énergie créatrice de se déverser sur l'enfant afin de le baigner et de l'envelopper. De la même façon qu'il baigne physiquement dans les eaux du placenta, laissez son utérus spirituel baigner dans l'essence d'amour. L'essence d'amour éloigne toute peur et permet au processus de création de s'établir dans une perfection totale.*

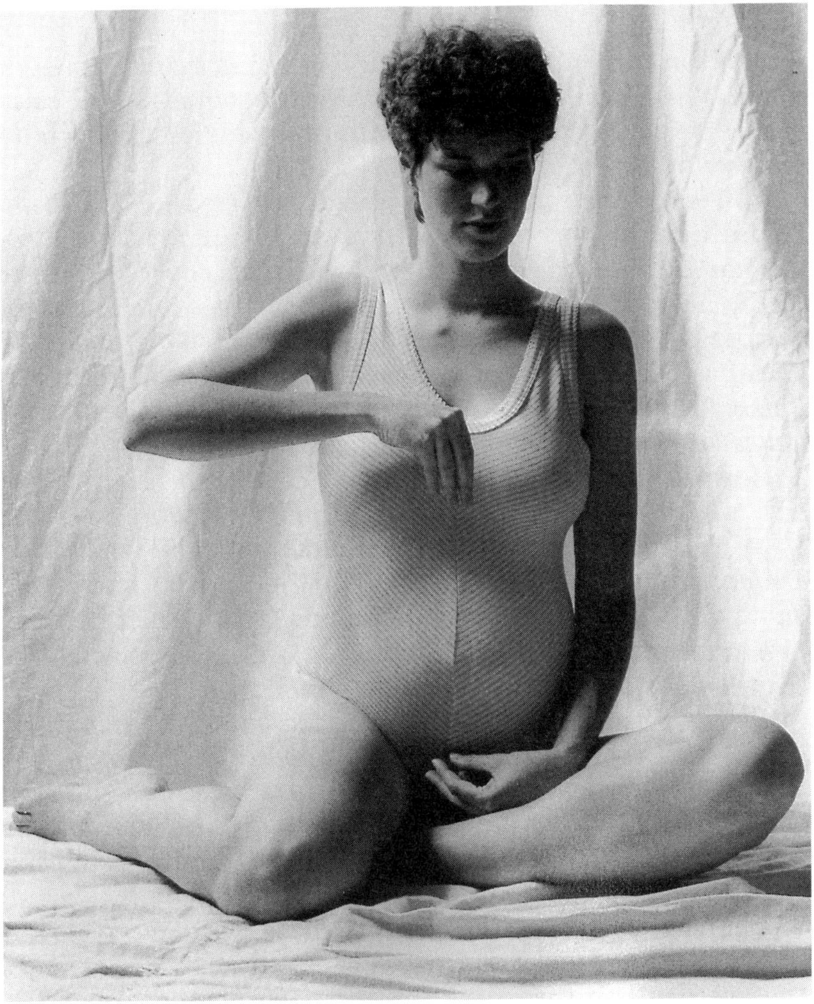

•••••

**Méditation Onze sur le Rayonnement**: Intellect et Coeur.

*Représentez-vous le coeur, ce royaume émotionnel du bébé. Il est paisible, dégagé de tout tourment. Imaginez cet enfant jouissant de la paix de son coeur tout au long de sa vie. Puisse la paix de son coeur s'étaler comme de l'huile à la surface des eaux troubles de l'émotion humaine. Puisse-t-il voir se refléter sans vagues perturbatrices les coeurs des autres dans le lac paisible de son propre coeur tranquille.*

*Puisse son coeur déborder de joie, de générosité, d'honnêteté. Puisse le don de son coeur enrichir la vie de ceux qu'il rencontrera. Quand l'amour de Dieu se déverse des cieux pour baigner son coeur, puisse-t-il déborder d'amour pour les autres. Puisse l'amour de Dieu remplir son coeur jusqu'à ce qu'il n'y ait plus de place pour la peur, la colère, le doute, la jalousie, le ressentiment. Puisse la fontaine jaillissante de ce coeur plein d'amour éloigner toutes les émotions négatives.*

*Regardez l'amour de votre enfant comme un courant qui déverse une bénédiction éternelle. Dès qu'il s'est stabilisé et coule en un flot rassurant, portez votre attention sur l'intellect de l'enfant. Laissez-vous habiter par une image de paix et de quiétude. Pensez que votre enfant sera doué d'un esprit clair que rien ne viendra perturber, ni les pulsions du subconscient, ni les éclats émotionnels ou les habitudes irréfléchies.*

*Que les pensées de cet enfant soient toujours dans la lumière, qu'il devienne porteur de lumière et apporte la lumière divine dans la vie des hommes. Puisse la clarté de sa perception le guider à travers tous les pièges et les supercheries du vieux monde. Puisse sa sagesse illuminer le Nouveau Ciel et la Nouvelle Terre.*

*Quand vous sentez à travers vos mains que la clarté de son esprit et la paix de son coeur sont solidement ancrées chez l'enfant, déplacez vos mains vers le dernier point de contact.*

•••••

**Méditation Douze sur le Rayonnement**: l'Esprit du Point de Jonction; Rappel.

*Déplacez vos mains en revenant lentement vers le premier point de radiation, à la base du crâne: les vertèbres de l'Atlas et de l'Axis. Tenez les mains de manière à focaliser le rayon de votre énergie vibratoire* (mains position A). *Ce point représente la jonction entre le Nouveau Ciel et la Nouvelle Terre. C'est le point par lequel passent les qualités du Ciel pour arriver à la Terre. C'est le point à travers lequel toutes les âmes passent au stade de l'incarnation. Représentez-vous ce canal débarrassé de tout obstacle et suffisamment large pour que l'esprit le traverse dans sa totalité et puisse prendre sa forme physique. En inspirant, imprégnez-vous de l'amour de Dieu dans toute son intensité, cet amour qui descend du Ciel pour traverser le sommet de votre tête au point de liaison.*

*Laissez circuler cette énergie, là où elle est nécessaire, pendant quelques instants. Recevez cette pluie vivifiante d'énergie, sentez-la rafraîchir et revigorer chaque cellule de votre corps. Rendez grâce pour l'intensité et la puissance de cette relation avec Dieu. C'est un privilège d'en être consciente. Remerciez-en Dieu.*

*Demandez à votre coeur s'il existe autre chose que l'esprit voudrait vous faire connaître. Sachez que vous pourrez rester toute la journée dans cet état de bien-être, cet état de grâce et de félicité, simplement en prenant conscience de son existence. Sentez votre corps inspirer et expirer, encore et encore. Quand vous êtes prête, ouvrez les yeux.*

## S'accorder avec le nouvel ordre de vie

Le contact spirituel avec l'enfant avant sa naissance devrait s'établir de manière continue. Les parents devraient chercher à établir ce contact avec le foetus au moins une fois par jour ou plus, simplement pour vérifier si toutes les formes vibratoires se développent en douceur. Avec de la pratique, cela devient presque instinctif.

Bientôt, vous vivrez ce moment de la journée comme un temps profond et sacré d'attachement et de communication avec l'esprit de l'enfant. C'est un moment que l'on ne devrait pas plus négliger que son repas ou sa toilette. Dès que nous reconnaissons l'importance des facteurs spirituels, ils priment à nos yeux sur les conditions extérieures.

Avec la pratique, le regard s'ouvre, notre écoute devient plus sensible à la nature spirituelle des choses. Nous ne cherchons plus les causes sur le plan physique. C'est dans l'invisible que nous cherchons l'origine des émotions, des événements, des maladies, car c'est là qu'ils prennent naissance. La création commence toujours dans l'invisible avant de se manifester dans le visible. Au bout d'un certain temps, nous ne nous laissons plus distraire par ce qui est visible et réalisons notre travail le plus important à la lumière de l'esprit.

Plus qu'une seconde nature, cette capacité à déceler les facteurs invisibles à l'oeuvre dans toute situation devient notre nature première. Notre souci de manipuler le monde matériel pour nous assurer la satisfaction de nos besoins s'évanouit dans le passé lorsque nous comprenons que le monde est déjà dominé par l'esprit: c'est un fait inhérent à la vie. Quand nous identifions notre personne extérieure — les véhicules de l'incarnation que sont le corps, le mental et le coeur — avec la vie, ce fonctionnement inhérent se manifeste à travers nos relations. Inutile de manipuler la matière. Nous avons seulement besoin de la foi, besoin de croire que la vie s'accomplit. Et cela devrait être la première chose que nous apprenons en attendant un bébé: la Vie s'accomplit !

# CHAPITRE QUATORZE

# Les Responsabilités Spirituelles du Père et de la Mère

Nos actions les plus courantes ont toutes un aspect mythique. Lorsque, en tant qu'individus, nous répétons une action que des milliers d'autres individus ont déjà faite avant nous, nous participons à l'archétype de cette même action. Les anciens Grecs ont donné des archétypes une représentation si vivante dans leur littérature qu'ils sont encore valables aujourd'hui: la Gorgone, Oedipe, Aphrodite et bien d'autres.

## Archétype de la mère

Devenir parent est un événement mythique. Une femme n'est pas seulement la mère d'un enfant donné. A travers la naissance, par le simple fait d'être femme, elle participe au mythe de la Mère céleste dont les vertus sont bien connues: un dévouement infini, une tendresse intarissable, une audace à toute épreuve pour assurer la protection de son enfant; c'est la générosité de la terre qu'elle accouche, c'est l'espèce humaine qu'elle régénère. Une femme, par le seul fait d'exister, participe de ces réalités vieilles comme le monde. Les vertus mythiques se sont transmises de génération en génération, de mère à enfant. Si elles sont faiblement représentées chez la mère, il en sera de même chez l'enfant. Si elles s'expriment fortement chez la mère, l'image de la Mère Céleste s'imprimera profondément dans l'esprit de l'enfant et les vertus qui lui sont attachées se manifesteront dans toutes ses actions et dans sa vision du monde.

L'une des caractéristiques de l'idéal féminin est son infinie dévouement qui se traduit par le grand archétype de la Mère Maternante. Plus cet archétype a pénétré la conscience de l'enfant, plus ce dernier le manifestera dans ses relations avec les autres et avec tout ce qui vit. Ainsi, un enfant profondément imprégné des principes de la Mère Céleste se sentira lié à la Terre comme à une Mère. Un tel enfant ne pourra jamais supporter l'idée que la survie de l'homme nécessite l'exploitation de la planète. Les connexions mentales qui conduisent à cette idée n'existent pas chez lui. Cet enfant ne pourra donc jamais opter pour la destruction de l'environnement dans un intérêt strictement personnel.

Voilà par quels mécanismes nous programmons nos enfants comme nous nous programmons nous-mêmes. Si nous sommes toujours malades, nous ne pouvons pas offrir la santé à nos enfants. Mais si nous commençons par nous soigner, nous serons capables de leur apporter la santé. Les actions d'une personne saine ont d'abord un effet sur l'entourage et s'étendent finalement à toute la planète.

Un enfant sain, qui a dans son subconscient une image bien définie des qualités de la Mère Céleste aura pour toutes les femmes le respect que l'on doit à la Mère Céleste. Il verra se refléter la Mère Céleste dans toutes les femmes et, par conséquent, les respectera.

## La Mère Terrestre représente la Mère Céleste

Pour ses enfants, la mère terrestre est une représentation vivante de la Mère Céleste, elle est la divinité manifestée et incarne l'essence de la femme. C'est un monument vivant, une icône animée de la divinité sous sa forme féminine. Si elle en donne le reflet fidèle dans toutes ses actions, l'enfant sera capable d'établir partout des relations humaines où cet archétype est présent. Mais si à la place de l'image divine, il y a un vide dans son coeur, il y aura de la même manière un vide dans ses relations avec les autres.

La Mère Céleste incarne l'Esprit de l'Utérus. La matrice dans laquelle se crée la vie représente l'Utérus de Vérité. Une mère accomplie prend le soin de s'assurer que ses actions sont toujours en accord avec la Vérité de l'Etre. En manifestant la Vérité de l'Etre dans le monde de l'enfant, elle sera un modèle pour lui tout au long de sa vie.

Le modèle qu'elle représente permet à l'enfant d'entrer en harmonie avec la Vérité de l'Etre où qu'il puisse la rencontrer plus tard dans la vie. Si la mère ne représente pas ce modèle dans la conscience de l'enfant, il aura des difficultés à reconnaître l'Etre là où il se trouve. La mère véritable, en étant parfaitement elle-même, donne à l'enfant un exemple de vérité qui l'accompagnera tout au long de sa vie. Les actions d'une mère accomplie créent dans le cerveau de l'enfant les circuits qui lui permettent de reconnaître la Vérité.

L'adulte qui, enfant, s'est développé dans l'Utérus de Vérité chérira la Vérité. Si on lui a appris à vivre avec la Vérité, l'enfant sera armé dans la vie contre toutes les forces de distorsion du monde extérieur et celles du subconscient collectif. Si l'Utérus de Vérité se développe dans la vie de l'enfant, celui-ci enfantera à son tour le fruit de l'Utérus de Vérité, c'est-à-dire la Vie. Un enfant nourri dans l'Utérus de Vérité jouira d'une vie riche à profusion.

La vraie maternité n'est pas une chose courante. C'est un événement aux proportions mythiques. La femme devient pour l'enfant la représentation physique et vivante de la Mère Divine. Elle imprime dans sa conscience une image de la vérité qui restera solidement ancrée pour le restant de sa vie. Sans l'exemple de sa mère, il y aurait un vide dans le monde conceptuel de l'enfant, là où devrait se trouver l'image de la Mère Divine.

## Le père Céleste dans sa forme terrestre.

Le père terrestre est pour ses enfants la représentation de leur Père Céleste. Un enfant n'est pas capable de dissocier le corps de l'esprit. Ceux-ci sont reliés dans sa conscience. Le Divin engendre la terre et la terre tend vers le Divin; le Divin et la terre sont un. Un enfant ne pourra pas raisonner en disant: «Ah, mon père terrestre fait d'horribles choses, mais mon Père Céleste, lui, n'aurait jamais fait cela». Pour l'enfant, Ciel et Terre sont interchangeables; il n'y a pas de ligne de démarcation précise entre le père terrestre et le Père Céleste. Pour l'enfant, le père terrestre est la représentation physique concrète du Père Céleste, dont il a la responsabilité spirituelle de représenter fidèlement les qualités auprès de l'enfant.

Le père terrestre ne peut pas créer ce modèle du Père Céleste à partir de sa propre sagesse et de sa propre force. S'il essaie, il échouera misérablement. Il sera condamné à retomber dans la violence, la coercition et la tyrannie.

La seule façon pour le père terrestre de représenter le Père Divin auprès de ses enfants, est de s'unir à lui. Le père terrestre doit abandonner son égo et effacer son identité jusqu'à la transparence. C'est lorsque sa personnalité terrestre est réduite à l'insignifiance et qu'il tourne toute son attention vers son Père Céleste qu'il ne fait plus qu'un avec lui. Sa vie terrestre devient si limpide qu'on voit à travers elle le Père Céleste. Le père terrestre, qui a réalisé une union heureuse avec son Créateur en confondant son identité avec la Sienne, est une fenêtre à travers laquelle la lumière du ciel peut briller.

## Vivre en héros, c'est regarder vers Dieu

Comment le père terrestre réalise-il cela ? Par la force de son amour. Son plus grand amour est tout entier pour le Père Céleste. Il en fera la preuve en accomplissant Son oeuvre sur Terre et Lui servira de fidèle intendant en Brûlant d'amour pour son Père Céleste, sa personnalité terrestre disparaît dans l'oubli. Quand les autres le regardent, ils voient seulement le visage du Père Céleste en lui.

Le regard du père terrestre n'est pas tourné vers sa femme ou ses enfants, ou quelqu'un de qui il chercherait à tirer avantage. Son amour ne s'adresse pas en premier à ses proches. Non, car toute son attention est constamment tournée vers le Père Céleste à l'intérieur de lui. Ce n'est qu'en répondant d'abord et avant tout à Sa volonté qu'il fera rayonner à travers lui l'amour du Père Céleste pour en bénir tous ses proches.

Aux yeux de ses enfants, le père terrestre est la représentation physique du Père Céleste. Dès que Ses enfants auront l'âge de comprendre, ils reconnaîtront aisément les qualités du Ciel à chaque fois qu'ils les rencontreront dans la vie, parce que, depuis leur naissance, ils auront eu devant les yeux une représentation vivante du Ciel.

Les fils d'un tel père savent ce que signifie «être un homme» car ils ont reçu l'exemple d'un homme plein d'amour pour les choses célestes. A travers les yeux de leur père, ils ont pu, depuis toujours, contempler Dieu. Ils savent ce que signifie la véritable nature de l'homme. Ils ne seront probablement pas détournés par les stéréotypes de la «virilité»: violence, indifférence, machisme qu'ils rencontreront dans la culture dominante.

Les petites filles, en grandissant, connaîtront, elles aussi, la véritable nature de l'homme. Elles sentiront sa présence ou son absence, dans les hommes qu'elles rencontreront. Car elles ont vu la forme de leur Père Céleste rayonner à travers leur père terrestre. Elles ne se laisseront certainement pas abuser par l'apparence des «hommes»: les beaux-parleurs, les «frimeurs» qui sont vides à l'intérieur. Elles seront habituées à voir à travers un homme. Leur Père terrestre les y encourage, car ainsi elles peuvent contempler le visage du Père Céleste en lui. L'homme dont la force est résolument tournée vers le Père Intérieur n'a pas peur de se laisser sonder par le regard des autres.

## La Véritable Responsabilité des Parents

Quand la mère terrestre incarne l'Utérus de Vérité, et le père terrestre le visage de l'amour, l'enfant de Vie peut naître. Si ses parents vivent pleinement en esprit, l'enfant reçoit une éducation entièrement spirituelle, rien qu'en observant l'Etre de ses parents.

Quand l'Etre se révèle, toutes les autres aptitudes terrestres nécessaires se mettent en place. Si l'Etre n'est pas à sa place, il n'est pas compris; l'enfant pourra acquérir un grand nombre d'aptitudes terrestres, son intérieur restera fragile. La société d'aujourd'hui nous apprend à acquérir des biens et des compétences. C'est une tentative peu satisfaisante de substituer des formes physiques à la réalité immanente de l'être.

La responsabilité principale des parents **ne consiste pas** à assurer à leurs enfants une bonne école, une maison agréable, etc., mais à leur offrir une représentation de l'esprit. Les enfants réalisent rapidement si le centre d'intérêt de leurs parents met l'accent sur la réalité intérieure ou sur les choses matérielles; c'est en fonction de cela qu'ils structurent ensuite leur propre réalité.

Mais les formes extérieures n'apportent pas la sécurité; les biens matériels non plus. Vous trouverez cette sécurité en sachant qui vous êtes et qu'au plus profond de vous-même, vous êtes Dieu. Après avoir expérimenté en tant qu'Etre la réalité de Dieu et avoir acquis la conviction inébranlable de son unité avec l'univers bienveillant, l'enfant sera pauvre paysan ou siègera parmi les grands et les puissants, mais les circonstances extérieures n'auront pas prise sur lui.

La seule chose qui compte pour un enfant de Dieu est de vivre en Dieu. Il n'y a pas d'autre vérité, ni d'autre accomplissement. Des parents qui vivent en Dieu incarnent aux yeux de leurs enfants la réalité de Dieu vivant incarné. C'est ce que nous appelons accomplir sa responsabilité de parents spirituels.

•••••

## Méditation

Avant de commencer cette Méditation, installez-vous dans une pièce tranquille où vous êtes sûre de ne pas être dérangée. Un faible éclairage peut être utile, de même qu'une musique méditative douce. Vous pouvez enregistrer la méditation pour l'écouter ensuite, vous la faire lire par votre compagnon ou par un ami ou utiliser la cassette *Communiquer avec l'Esprit de votre Enfant avant la Naissance.*

*Fermez les yeux, détendez tout votre corps. Respirez profondément et sentez toutes les tensions vous quitter. Prenez conscience de chaque inspiration et de chaque expiration. Visualisez les tensions dans votre corps sous forme d'un fluide coloré qui le remplit jusque dans ses moindres recoins. A chaque expiration, rejetez le plus possible de ce fluide. Commencez par les pieds. Visualisez la tension quittant vos pieds, expiration après expiration. Continuez à expirer ce souffle de tension coloré jusqu'à ce que vos pieds soient complètement détendus. Sentez vos pieds légers et décontractés. Jouissez de ce sentiment de légèreté.*

*Après avoir drainé jusqu'à la dernière trace de tension, passez aux mollets. Laissez sortir ce fluide qui emplit vos mollets et vos chevilles avec votre respiration, souffle après souffle, jusqu'à ce qu'ils soient complètement vides et détendus. Quand il n'y a plus trace de tension dans vos mollets, passez aux cuisses.*

*Procédez ainsi pour toutes les parties du corps. Allégez vos épaules de cette tension colorée jusqu'à ce qu'elles soient complètement relâchées. Une fois que vous avez expiré tout le fluide, passez au sommet de la tête et chassez-en toute la tension qui s'y trouve. Oubliez tous les conflits de la journée. Laissez tous les soucis et pensées s'effacer lentement de votre corps en même temps que vous expirez. Faites autant de respirations que nécessaire pour faire partir toute la tension de votre tête.*

*Passez ensuite à la bouche et au cou, en laissant se dissiper les dernières tensions. Maintenant, parcourez encore une fois tout votre corps pour vérifier s'il reste des poches de tension. Décelez les endroits subtils où subsiste une tension et laissez-la s'échapper lentement hors de votre corps, avec votre souffle, en toute décontraction.*

*Vous voilà maintenant une forme physique, vide et détendue. Sentez derrière vous cette présence belle et rayonnante que vous commencez à bien connaître. C'est votre vrai moi, l'ange de la vérité de votre être. Prenez un moment pour apprécier la beauté de votre être spirituel. Sentez votre corps enveloppé de la présence rayonnante de cet esprit d'amour. Ressentez cette impression merveilleuse d'accomplissement et d'achèvement, quand le moi intérieur et le moi extérieur s'unissent pour ne faire plus qu'un.*

*Remarquez comment votre corps et votre esprit sont reliés avec l'au-delà par une corde brillante qui sort du sommet de votre tête et s'élève jusqu'au Ciel. Sentez l'amour du Ciel descendre jusqu'à vous le long de cette corde. Vous êtes remplie de gratitude en vous sentant unie à cet être merveilleux qui s'élève le long de la corde.*

*Quand vous avez bien pris votre temps pour jouir du miracle de cette unité, faites défiler devant vous le film de votre vie, image après image, scène après scène. Attardez-vous sur les souvenirs les plus vivants, revivez-les pleinement. Retrouvez ce que vous avez éprouvé à ce moment-là. Souvenez-vous, à chaque scène, de tous les sentiments que vous avez éprouvés. Retournez en arrière de plus en plus loin jusqu'à votre jeunesse, votre enfance, et quand vous étiez bébé. Retournez le plus loin possible dans vos souvenirs.*

*Pensez à un incident survenu quand vous étiez enfant, une expérience vraiment très forte à l'occasion d'une rencontre avec un homme extraordinaire. Pensez à l'homme qui vous a le plus impressionné quand vous étiez jeune. Souvenez-vous simplement du respect que vous aviez pour lui. Rappelez-vous le sentiment d'importance qui vous habitait, par le seul fait de sa présence. Eprouvez à nouveau ce même sentiment. Accordez-vous une pause, un instant, pour retrouver pleinement cette sensation. Revivez intensément cet état.*

*Imaginez maintenant, descendant du Ciel et brillant sur la tête de cet homme, la lumière qui relie au Père Céleste. Imaginez-vous que cet homme vous aimait très fort quand vous étiez enfant et qu'il vous considérait comme la personne la plus importante qu'il ait jamais rencontrée. Voyez son amour pour vous. Visualisez l'amour du Père Divin qui jaillit vers vous à travers les yeux de cet homme. Dès que vous avez obtenu une image très nette de vous-même, aimée, respectée, estimée et honorée par lui, effacez-la tout en gardant la sensation d'être aimée et apaisée par cet homme merveilleux.*

*Maintenant, repensez à un autre événement de votre enfance: l'expérience la plus terrible que vous ayez vécue avec un adulte. Pensez à l'homme le plus méchant, le plus cruel, quelqu'un qui a terriblement abusé de vous ou peut-être une personne que vous avez seulement rencontrée mais dont vous saviez qu'elle était mauvaise. Rappelez-vous votre frayeur, à quel point vous vous sentiez impuissante devant cet homme effroyable. Souvenez-vous combien vous étiez petite et ce qui vous est alors arrivé de pire. Retrouvez tout ce que vous avez ressenti dans ces moments affreux.*

*Maintenant représentez-vous l'homme merveilleux descendant du Ciel pour vous rejoindre en présence de l'homme horrible. En même temps qu'il descend, la lumière rayonne de son corps. Il vous regarde avec amour. Vous sentez cet amour. Vous sentez toutes les choses merveilleuses que vous avez ressenties précédemment en sa présence. Vous êtes en sûreté, en sécurité, protégée par sa présence rayonnante. Vous courez vers lui et il vous embrasse, vous enveloppe de sa présence rayonnante. Vous voilà sous sa protection.*

*Vous regardez vers l'homme horrible mais son image s'estompe. La lumière coule à flots à l'endroit où se trouve l'homme merveilleux; l'homme terrible est devenu une ombre qui est en train de disparaître. C'est à peine si vous le voyez encore. Il n'y a plus de raison d'avoir peur ! Vous sentez à quel point le pouvoir de cet homme merveilleux est plus fort que celui de l'homme horrible. Vous prenez la main du Père Céleste et marchez vers l'endroit où se trouvait l'homme horrible. Mais il n'y est plus. Il est comme une ombre ténébreuse qui s'est évanouie au moment où la lumière de votre Véritable Père est apparue. Vous regardez les yeux de votre père. Ils débordent d'amour pour vous. Vous savez qu'il sera toujours là quand vous aurez besoin de lui. Vous savez qu'il pourra toujours vous protéger. Vous savez qu'il pourra toujours chasser les forces maléfiques ou négatives.*

*Reprenez maintenant le film de votre vie. Trouvez une image particulière pour représenter votre père terrestre. Ce peut être une photo ou un souvenir, ou un sentiment que vous avez éprouvé en sa présence. Choisissez simplement quelque chose qui vous fasse bien penser à lui.*

*Maintenant représentez-vous son visage de très près. Vous le regardez dans les yeux. Retrouvez les sentiments que vous avez éprouvés quand vous étiez avec lui.*

*Laissez maintenant son visage se fondre dans celui du Père Céleste. Cela se produit sans que vous le quittiez des yeux. Sentez l'amour que votre père avait pour vous. Peut-être n'a-t-il pas été capable de vous le montrer, peut-être ne l'a-t-il jamais exprimé, mais sachez qu'il a essayé de vous aimer du mieux qu'il pouvait. Il ne vous a peut-être pas aimé de la meilleure façon. Mais il* ***a essayé****. Sentez combien il voulait vous faire comprendre à quel point il vous aimait, même s'il ne l'a jamais exprimé.*

*Sentez renaître votre amour pour lui. Sentez comme votre coeur est comblé de l'amour du Père Céleste. Sentez tout l'amour que vous éprouvez pour votre père terrestre et soyez reconnaissante pour son désir de vous aimer du mieux qu'il pouvait. Déversez votre amour sur lui. Sentez l'amour du père céleste faire fondre le coeur de votre père chéri. Son coeur est comme emporté dans celui du Père Céleste. Contentez-vous de regarder et rendez grâce aussi longtemps que vous le désirez. Prenez plaisir à voir votre papa et votre Père Céleste se confondre et devenir un.*

*Reprenez maintenant le film de votre vie à l'époque de votre enfance. Si vous souhaitez revoir certaines scènes correspondant à une mauvaise expérience avec un homme, revivez complètement la terreur que vous avez ressentie. Puis accueillez votre Père Céleste à côté de vous et sentez la paix et la sérénité que vous prodigue sa présence. Sachez qu'il sera toujours là pour vous. Arrêtez la cassette pour évoquer toutes vos expériences d'enfance avec des hommes. Vous pouvez la remettre quand vous êtes prête à continuer.*

*Quand vous aurez revu autant de scènes de votre enfance que vous le souhaitez, retrouvez la plus belle expérience que vous ayez connue avec une femme. Essayez de vous souvenir quand, très jeune, vous avez été en présence d'une femme qui vous a paru tout simplement merveilleuse. Comme vous étiez intimidée par sa présence ! Souvenez-vous de sa beauté et de sa grâce. Comme elle était bonne avec les autres ! Rappelez-vous comment cette enfant que vous étiez se sentait avec elle. Retrouvez ce sentiment en vous et gardez-le précieusement dans votre coeur et dans votre mémoire.*

*Visualisez maintenant un flot de lumière qui descend du ciel et rayonne au-dessus de sa tête, illuminant tout son corps. Elle devient de plus en plus belle tandis que la lumière se répand sur elle. Son visage, ses yeux, ses cheveux, son corps, tout en elle rayonne de beauté.*

*Ses yeux se tournent maintenant vers vous, enfant, pour vous regarder. Ce sont les yeux de la Mère Céleste. Vous ressentez la Vérité qu'elle représente. Son esprit vous inspire une confiance absolue. Vous sentez comment sa présence vous enveloppe. Gravez ce sentiment dans votre coeur.*

*Quand ce sentiment est solidement ancré dans votre coeur, laissez l'image s'effacer et regardez encore une fois le film de votre vie. Arrêtez-vous sur une expérience horrible avec une femme, quand vous étiez jeune enfant. Voyez la scène et rappelez-vous comment cela s'est passé. Rappelez-vous exactement ce qui est arrivé. Revoyez chaque détail de la scène et combien c'était pénible. Rappelez-vous la terreur que vous éprouviez intérieurement.*

*Voyez maintenant la Mère Céleste qui descend du Ciel. Au moment où elle descend, tout l'espace où vous vous trouvez se remplit de lumière. Sa présence apporte légèreté, joie et perfection. Vous la regardez et sentez s'estomper la terreur qui habitait votre coeur. Elle tend la main pour prendre la vôtre en vous regardant avec amour. D'être avec elle, de pouvoir la rejoindre, votre coeur bondit d'émotion.*

*Vous regardez à nouveau l'endroit où se trouvait l'horrible femme: elle est en train de disparaître dans la lumière de la Mère Céleste. Votre peur s'est dissipée et vous marchez vers elle, mais il ne reste qu'une ombre. Vous vous placez à l'endroit précis où elle se trouvait. Il n'y a plus rien.*

*Vous regardez les yeux de la Mère Céleste. Vous savez qu'elle sera toujours là pour vous chaque fois que vous aurez besoin d'elle. Vous savez que sa Vérité chassera le mensonge et que vous pourrez demander à la Mère Céleste de vous présenter la Vérité chaque fois que vous serez dans le doute. Sachez que vous pourrez toujours rappeler ce sentiment quand vous en aurez besoin.*

*Revenez à votre film. Trouvez une image qui représente votre mère terrestre: une photo, une scène, un objet, quelque chose qui la représente vraiment pour vous. Essayez de ressentir les sentiments que vous associez à cette image de votre mère. Ressentez-les pleinement. Rappelez-vous comment vous vous sentiez avec elle quand vous étiez enfant, comment elle était avec vous. Quand cette image de votre mère terrestre est bien ancrée dans votre esprit, représentez-vous une lumière apparaissant derrière l'image. Elle l'éclaire entièrement. L'image est comme illuminée et, à travers elle, brille la lumière de la Mère Céleste. Sentez à nouveau combien la Mère Céleste vous aime. Sentez son amour se déverser à travers l'image de votre mère. L'esprit que vous connaissez est vraiment celui de la Mère Céleste. Voyez s'unir la Mère Céleste et votre mère terrestre, voyez-les se confondre et devenir une.*

*Passez maintenant un moment avec votre mère terrestre. Reconnaissez qu'elle a vraiment essayé très fort de vous aimer, malgré les charges qu'elle devait assumer. Voyez la lumière qui brillait en elle, même si elle était ensevelie la plupart du temps.*

*Laissez se rencontrer la lumière qui est en vous et celle qui est en elle. Et laissez les deux lumières se renforcer mutuellement.*

*Quand vous avez joui un bon moment de la présence spirituelle de votre mère, reprenez le film de votre enfance. Retrouvez dans votre mémoire d'autres moments misérables ou effrayants que vous avez vécus avec des femmes adultes. Revivez-les à fond. Rappelez-vous tous les sentiments qui vous habitaient. Appelez ensuite la lumière de la Mère Céleste. Laissez-La vous rejoindre dans cette situation. Retrouvez les sentiments que vous éprouviez en Sa présence.*

*Quand vous avez revécu autant de situations que vous le voulez, prenez conscience du rayon lumineux qui sort de vous pour s'unir à la lumière. Sentez la lumière du Ciel descendre sur vous. Laissez les essences de la Mère Céleste et du Père Céleste se déverser en vous avec cette lumière. Sentez l'essence de la Mère Céleste prendre racine dans votre coeur. Choisissez une place particulière dans votre coeur et recevez-y l'essence de la Mère Céleste. Que ce soit un lieu sacré où vous pourrez toujours revenir quand vous aurez besoin de la retrouver.*

*Laissez-vous pénétrer par l'essence du Père Céleste en même temps qu'un flux de lumière descend sur vous. Sentez l'essence du Père Céleste prendre racine dans votre coeur. Choisissez un endroit dans votre coeur qui soit exclusivement réservé au Père Céleste. Laissez-y reposer Son essence afin qu'elle s'épanouisse dans votre conscience chaque fois que vous aurez besoin de Lui. Souvenez-vous de cet endroit le plus sacré, où le Père Céleste vivra toujours en vous.*

*En conservant en vous l'intensité de ce sentiment, rayonnez pendant quelques instants l'esprit du Père et de la Mère Célestes vers ceux dont vous savez qu'ils en ont particulièrement besoin. Pensez aux amis, aux parents qui ne sont pas en contact avec l'esprit du Père Céleste ou de la Mère Céleste. Imaginez que vous envoyez jusqu'à eux une radiation qui les atteigne où qu'ils se trouvent à la surface de notre planète. La distance n'a pas d'importance. Sentez comment cette radiation atteint leur coeur et souffle dans leur vie les essences de la Mère et du Père Célestes.*

*Bénissez-les. Sentez-les inondés de votre amour.*

*Arrêtez-là l'exercice de radiation. Sentez votre âme s'apaiser à nouveau. Laissez se régulariser et se stabiliser la lumière qui vous entoure. Prenez conscience de votre respiration. Sentez ses mouvements d'inspiration et d'expiration. Quand vous êtes prête, ouvrez les yeux. Gardez toute la journée en vous ce sentiment que vous éprouvez à l'instant. Cherchez différentes manières de rayonner l'essence du Père Céleste ou de la Mère Céleste vers les gens que vous rencontrez. Reportez-vous à ces deux points particuliers dans votre coeur chaque fois que vous en aurez besoin.*

•••••

## Une grâce infinie pour une guérison totale

Nous pouvons recréer le père parfait et la mère parfaite à l'intérieur de notre propre psyché, dans notre propre vie. Nous ne devons pas être limités par les stéréotypes imparfaits construits à partir de notre expérience personnelle et de la conscience collective. Certains d'entre nous ont eu, lorsqu'ils étaient enfants, une expérience insuffisante, malheureuse, ou inexistante de ce que devraient être de véritables parents terrestres. Il existe alors dans notre psyché un vide que ces symboles vivifiants peuvent combler. Si ce vide subsiste, vous ne pourrez jamais accomplir votre destinée.

Mais cela ne veut pas dire que nous ne pouvons plus introduire ces pierres angulaires dans nos vies. Nous ne sommes pas condamnés à vivre sans la Mère et sans le Père Célestes, avec l'effet destructeur que cela impliquerait sur nos rapports avec les autres. Il nous est donné de guérir.

Le Père et la Mère Célestes existent à l'intérieur de nous, même s'ils n'ont pas concrètement pris forme dans notre conscience. Quand nous commençons nous-mêmes à vivre en esprit, nous avons soudain accès à tout ce qui nous manquait physiquement. Quand l'esprit prend de plus en plus d'importance dans notre vie et que sa présence devient habituelle, naturelle, il commence à remplir tous les corps qui en ont besoin. Il nous réconforte dans les moments vides de notre vie. Nos faiblesses deviennent des points forts. La tristesse se transforme en joie. Au manque, à la douleur, se substituent l'accomplissement et la paix. Nous nous reconstruisons à l'image parfaite de la Vie dès que nous nous rapprochons du véritable Amour et de la Vérité.

Nous avons la possibilité de nous transformer complètement; non pas un simple rafistolage pour permettre de continuer à fonctionner. Non. Il s'agit de revendiquer la plénitude éclatante de la vie. Les vieilles cicatrices de l'intellect et du coeur peuvent se résorber. Notre être le plus profond peut se transformer. Quand nous vivons en esprit avec le Père et la Mère Célestes, leur présence pénètre jusqu'au corps physique pour transformer nos vies, notre travail, nos relations. Si aucun adulte ne vous a donné cet exemple quand vous étiez enfant, l'Esprit peut vous le donner maintenant. L'Esprit peut tout surmonter.

Lorsque nous sommes guéris, que nous apprenons à vivre nos vies et à suivre notre chemin en tant qu'adultes, spirituellement responsables et mûrs, nous cherchons les occasions de rayonner de tout notre esprit vers les autres. Et lorsque cela devient chose naturelle et normale, une habitude de tous les jours, nous exerçons un effet tout puissant sur le corps de l'humanité.

## Etre Dieu pour l'Enfant

Les mythes de chaque race constituent la mémoire de l'espèce. Lorsque nous vivons en héros et héroïnes, incarnant Dieu dans notre façon d'être, le champ d'énergie créé par nos actions renforce le champ d'énergie de toutes les actions semblables sur la planète. De cette façon, nous co-créons de nouveaux mythes, les mythes de l'humanité ramenée à sa véritable existence, unie à Dieu. Quand un nombre suffisant d'individus changent leur existence, celle de tous les individus est changée et la Terre est rendue une nouvelle fois à son créateur.

Lorsque nous prenons, en tant qu'individus, la responsabilité de renaître à nous-mêmes, nous offrons à nos enfants le don de l'Immaculée Conception. Ils ne sont plus issus de la stricte hérédité humaine. Si nous nous unissons à Dieu, nous leur permettons de naître de l'union de la chair et de l'esprit, fruit de l'union de Dieu et de l'homme.

# CHAPITRE QUINZE

# Les Relations Spirituelles

Commme vous l'avez vu dans le chapitre précédent, la guérison de l'enfant commence par celle des parents. S'ils veulent aider l'enfant à s'accomplir, les parents doivent commencer par s'accomplir eux-mêmes. Vous ne pouvez offrir que ce que vous avez. Une nouvelle naissance est l'occasion d'un renouveau spirituel. En se penchant sur la naissance, considérons avant tout notre propre renaissance.

## Puissance d'une Relation Transcendante

Un enfant qui vient au monde plein de possibilités et de fraîcheur est un rappel vivant de notre propre besoin de nouveauté, une invitation à considérer de nouveau notre propre potentiel.

Pour favoriser la naissance de l'esprit en ce monde par l'intermédiaire d'un nouveau-né, il faut que les parents développent entre eux une relation spirituelle qui les engage au plus profond d'eux-mêmes et les oblige à remettre en cause la nature de leurs rapports.

Quelle est la qualité de notre relation avec l'autre ? Mettons-nous en avant le côté spirituel ou restons-nous polarisés sur le monde matériel ? Jugeons-nous le comportement de notre partenaire à son apparence extérieure ou savons-nous reconnaître son essence intérieure ? Le développement d'un foetus au plus profond de notre corps est le symbole par excellence de la créativité cachée que renferme notre foi intérieure. Ainsi, en honorant l'esprit de l'enfant avant la naissance, nous exprimons notre désir d'honorer la partie la plus sacrée de notre nature intérieure.

Les relations entre hommes et femmes sont l'un des domaines les plus contrastés du comportement humain. On y trouve les attitudes les plus nobles comme les plus dépravées. Nous pouvons présenter un vernis extérieur agréable qui suffit aux relations superficielles, mais ceux qui vivent ensemble jour après jour connaissent leurs défauts même cachés. Les relations de couple et les relations parentales touchent ainsi aux racines de notre être véritable; réciproquement, si nous arrivons à surmonter les moments difficiles de notre vie, la lumière qui se libère brillera davantage dans tous les autres domaines.

Si la qualité de notre intégrité n'est même pas mise en cause par les plus proches témoins de nos faiblesses, alors nous avons de quoi garder la tête haute, car c'est dans ces relations que nous mettons à nu nos faiblesses les plus subtiles. C'est donc sur ce terrain que nous mettrons le mieux en pratique notre spiritualité.

Si vous établissez avec votre compagnon une relation transcendante, elle sera source d'énergie profonde et d'affirmation aussi bien au niveau intérieur que sur le plan extérieur. Les couples qui ont appris à vivre ensemble dans la joie ont des ressources magiques infiniment plus gratifiantes que tous les biens de ce monde. Dans ces relations, le vrai travail spirituel consiste à redonner Vie à la Terre. Elles sont la meilleure façon de montrer notre degré d'ouverture personnelle. Ce ne sont pas les orateurs, les swamis, les prédicateurs, ou les conférenciers qui apportent la lumière. Ce sont des hommes et des femmes en prise directe avec la réalité, ceux qui donnent au monde l'image de Dieu à travers leurs actes quotidiens, ceux qui font la queue à la caisse du supermarché avec grâce, ceux qui graissent avec sérénité les roulements d'essieux, ceux qui lavent avec amour les malades cloués au lit, ceux qui tondent le gazon en écoutant chanter la voix de Dieu dans leur esprit.

## Un vernis agréable

La qualité de nos relations les plus intimes n'est pas une chose cachée, même si elle n'est pas visible pour beaucoup de gens. Elle s'inscrit au premier plan dans notre esprit. N'importe qui peut paraître agréable devant un étranger. Mais comment vous montrez-vous avec votre compagnon ? Quelle est la première image que vous lui donnez le matin ? Etes-vous rayonnante d'amour, accueillante, gaie et paisible ? Les premiers mots que vous prononcez sont-ils une inspiration pour le monde ? Les premières pensées qui vous viennent à l'esprit aideront-elles à faire venir le Ciel sur Terre ?

Lorsqu'on devient parent, tout cela prend tout d'un coup un sens très précis. Si l'on veut créer un nid spirituel pour l'enfant, nos propres esprits doivent être purs. La création sera pure quand l'esprit le sera. Mais si l'esprit est contaminé par certaines attitudes mentales, comme juger, reprocher, critiquer, ou accuser, il contaminera les vies qui prennent forme à travers lui. Rappelez-vous: l'esprit est à l'origine de la forme physique. Le corps reflète fidèlement l'esprit. C'est pourquoi il est inutile de chercher à changer les formes qui nous sont désagréables. Si nous faisons attention à la qualité de l'esprit que nous accueillons, si nous nous attachons à le rendre pur, toutes les formes auxquelles nous donnerons vie seront pures, et l'esprit rayonnera à travers elles.

Quel parent ne souhaiterait pas que la lumière du Ciel brille en son enfant ? Le parent qui a cette volonté a une responsabilité personnelle directe car la lumière du Ciel brillera en son enfant à condition d'émaner déjà chez les parents d'un coeur pur et d'un esprit paisible. Cela signifie que nous devons dire «NON !» à toutes les pensées sombres qui montent en nous et risquent d'éclipser notre lumière et de jeter une ombre sur nos enfants.

Ces pensées sombres éclosent souvent dans nos relations personnelles les plus intimes. Fréquemment, maris et femmes se parlent de façon beaucoup moins délicate qu'ils ne le feraient avec d'autres personnes de leur connaissance. Ils se réservent l'un à l'autre les critiques les plus dures. Ils s'accordent le droit d'abuser l'un de l'autre, d'une manière qui ne leur serait permise dans aucune autre relation. Ils se montrent secs, abrupts, peu enclins à changer. Souvent les premiers à refuser l'épanouissement de l'autre, ils sont aussi les derniers à le remarquer.

Paradoxalement, c'est avec la personne que nous déclarons aimer le plus que nous sommes le moins aimable. Nous lui parlons plus rudement qu'à n'importe qui d'autre. Si un observateur mesurait le degré d'intimité entre deux personnes à la manière dont elles se parlent l'une à l'autre, il conclurait sûrement que maris et femmes sont les personnes qui s'aiment le moins !

Voilà pourquoi le champ relationnel est le terrain le plus propice à notre renouvellement spirituel. Ce n'est pas un hasard si ce terrain est celui de nos relations les plus intimes, avec les personnes que nous fréquentons le plus. Car c'est dans cette proximité qu'un travail spirituel vrai peut se dérouler. **La vie est faite de telle manière que les situations le plus favorables à notre évolution se produisent justement dans nos relations les plus intimes.** Nous n'avons pas besoin de grimper l'Himalaya jusqu'à Lhassa ni de nous traîner sur le chemin de Croix. Notre sainteté se révèle à la manière dont nous nous comportons avec ceux qui nous sont le plus proche.

Nos relations les plus sacrées ne sont pas celles que nous entretenons avec nos gourous, nos chamans, nos prêtres, nos pasteurs, mais celles que nous nouons avec nos compagnons. Pour devenir des saints, il n'y a pas de meilleur entraînement. Elles nous fournissent constamment l'occasion de transcender nos sentiments les plus mesquins et nous donnent tout l'espace nécessaire à l'expression de nos êtres de lumière. Si nous parvenons à rayonner constamment cette lumière dans toutes nos relations, alors oui, nous serons vraiment devenus des êtres de lumière.

Comment cela peut-il se réaliser ? En faisant le bon choix.

## Choisir l'amour

Nos choix se font dans l'instant et non dans une perspective future. L'avenir est la somme de tous les instants que nous créons. C'est en étant lumière à chaque moment présent que nous illuminerons l'avenir.

Dans une situation où nous avons l'habitude de montrer les dents, choisissons plutôt de montrer notre aura. Chaque fois que nous aurions tendance, instinctivement, à frapper du fouet la personne que nous aimons, choisissons de l'aimer.

L'amour est en nous, après tout. L'amour est en fait la partie la plus vraie de nous. L'amertume et la colère peuvent aussi habiter dans nos coeurs. Mais en exprimant ces sentiments, nous ne faisons que les renforcer. **Chaque fois que nous choisissons l'amour au lieu de la peur, nous renforçons notre habitude d'aimer**. La somme de tous nos choix détermine notre caractère.

Les mauvaises habitudes peuvent s'enraciner profondément. Heureusement, nous ne sommes pas obligés de tout régler tout de suite. Nous devons seulement faire un choix pour le moment présent. Chaque fois qu'une mauvaise habitude revient, c'est une occasion pour nous de faire notre choix à ce moment-là. Nous disons: «Oui, je vais m'incliner devant la relique de cette vieille habitude en lui cédant une nouvelle fois» ou bien: «Je reconnais cette habitude, je sais qu'elle existe quelque part en moi. Mais je sais aussi que dans l'essence de mon être, je suis un ange. Je choisis de manifester cet ange !»

Nous choisissons ce que nous voulons exprimer et, en même temps, nous devenons ce que nous exprimons. Les choses que nous laissons venir à travers nous façonnent notre caractère. Quand nous commençons systématiquement à choisir l'ange qui est en nous, ce choix devient une habitude. Dans chaque situation, nous nous tournons d'abord vers le Ciel parce que nous avons oublié notre première réaction de nous laisser emporter par les émotions négatives. Nos semaines, nos années, nos vies se calculent désormais en additionnant un nombre infini de moments présents.

En choisissant le Ciel comme source de nos actions, nous commençons à Le rapprocher de la Terre. Nous nous identifions à Lui lorsque nous nous dépouillons de nos comportements mortuaires et devenons un avec Sa véritable nature. Le «Ciel» n'est plus ce séjour éphémère après la vie. Il devient la substance de notre réalité quotidienne. Chaque journée est remplie d'occasions pour exprimer la volonté divine. Ainsi, la Terre est rendue à son Créateur.

# BIBLIOGRAPHIE

## Livres à lire

**Frédéric Leboyer**: *Pour une naissance sans violence.*
Ed. du Seuil, 1974.
*Shantala, un art traditionnel, le massage des enfants.*
Ed. du Seuil, 1976.
*Cette lumière d'où vient l'enfant.*
Ed. du Seuil, 1978.

**Gandha:** *Yoga et Maternité.* Ed. Epi

**Collectif:** *Les cahiers du nouveau-né.*
— Naître et ensuite ? Ed. Stock. 1978.
— D'amour et de lait, Ed. Stock. 1980.
— Corps de mère, corps d'enfant. Ed. Stock, 1981.
— L'aube des sens. Ed. Stock, 1981.

**Collectif:** La lèche league (Voir dans la rubrique «Adresses» ci-après). *L'art de l'allaitement maternel..*
Les Editions de l'Homme, 1983.

**Marie-Louise Aucher:** *Les plans d'expression.* Epi.
*L'homme sonore.* Epi.

**Françoise Dolto:** *Lorsque l'enfant paraît,* 3 tomes. Seuil, 1978.

**Asley Montagu:** *La peau et le toucher.* Seuil, 1979.

**Thomas Verny:** *La vie secrète de l'enfant avant la naissance.*
Ed. Grasset, 1982.

**Margaret Ribble:** collection l'enfant et la vie. Aubier.
Ed. Montaigne.

**Carmen Lapchuc et Danielle Mercier:** Au fil de ma grossesse.
Les éditions de la Dentelle.

**Les usagers de la maternité de Pithiviers parlent:** *Histoires de naissances*. Epi.

**Michel Odent:** *Bien naître*. Seuil, 1976.

**Bernard This:** *Naître et sourire: les cris de la naissance*. Aubier-Montaigne, 1977.

**Monique Morin, Nicole Marinier:** *L'instinct maternel apprivoisé (la clé d'un maternage plus heureux)*. Stanké, 1984.

**Danièle Starenkyj:** *Les cinq dimensions de la sexualité féminine*. Ed. Orion, 1982.

**Dennis Boyes:** *Yoga de la femme enceinte*. Epi.

**Dr Michel Odent**: *Génèse de l'homme écologique. L'instinct retrouvé*. Epi.

**Dr Wilhelm Zur Linden:** *Mon enfant, sa santé, ses maladies*. Ed. du Centre Triades, 1985.

**Rudolf Steiner:** *L'éducation de l'enfant à la lumière de la science spirituelle*. Ed. Du Centre Triades, 1985.

**Georg Hartmann:** *Pour éduquer l'enfant... connaître l'homme*. Ed. Du Centre Triades, 1983.

**Aveline et Michio Kushi:** *Grossesse macrobiotique et Soins au Nouveau-Né*. Ed. Guy Trédaniel, 1986.

# ADRESSES UTILES

**Maternité de Pithiviers:**
Hôpital, Boulevard Beauvallet.
45300 PITHIVIERS. Tel.: 38. 30.10.49

**A.U.M.P.I.:**
**Association des Usagers de la Maternité de Pithiviers.**
Siège social: 237 rue du Passage.
45370 NAREAU-AUX-PRES. CLERY SAINT ANDRE.

**F.N.A.U.C.N.:**
**Fédération Nationale des Associations d'Usagers concernés par la Naissance:**
34, rue de Citeaux. 75012 PARIS.

**Leche League: Réseau d'aide pour l'allaitement maternel.**
La Leche League est une association sans but lucratif devenue une organisation internationale, répandue dans quarante-quatre pays et qui favorise et encourage un bon rapport mère/enfant à travers l'allaitement maternel. Elle constitue la source d'information privée la plus importante au monde sur l'allaitement et les sujets voisins. Elle publie plus de cent feuillets différents concernant l'allaitement. Une liste de publications est disponible en envoyant une enveloppe timbrée à LLL, B.P. 18. 78620 L'ETANG LA VILLE.
Pour tous renseignements, écrire à cette même adresse ou appeler une animatrice au (1) 39.58.45.84. (répondeur).

**Naître à la Maison**:
34 rue de Citeaux, 75012 PARIS.

**Association du Centre Nascita du Nord.**
76 rue du Trié. 59510 HEM. Tel.: 20.75.71.47.
Groupe de parents qui se donnent pour mission d'informer et d'aider les futurs parents et les parents, ainsi que les personnes s'occupant d'enfants. Contacts personnels par courrier ou par téléphone (le matin). Fournitures par correspondance. Rédaction d'un bulletin trimestriel: «L'enfant et la Vie». Cette association s'inspire de Maria Montessori et de différents courants contemporains.

IMPRIMERIE LOUIS-JEAN
BP 87 — 05003 GAP Cedex
Tél. : 92.51.35.23
Dépôt légal : 25 — Janvier 1991
Imprimé en France

**L**e principe du massage métamorphique est de reconnecter l'individu à sa période prénatale, grâce à un massage sur les pieds, les mains et la tête, aux endroits de correspondances des points réflexes de la colonne vertébrale. Celui-ci retrouve ainsi la force de vie essentielle à l'œuvre pendant la gestation ; les blocages d'énergie peuvent être levés et le potentiel d'auto-guérison actualisé.

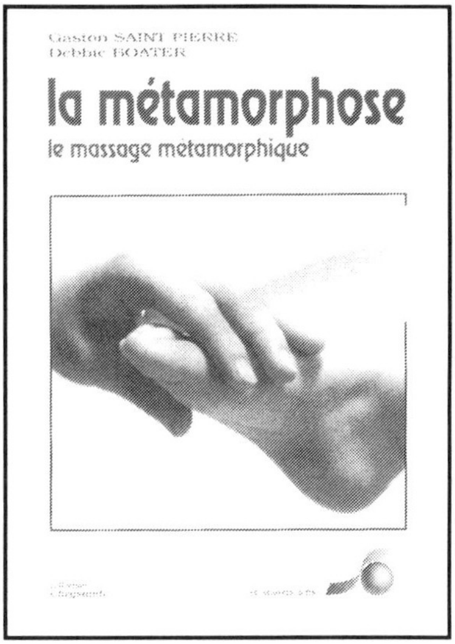


L'originalité de cette approche est que le praticien n'a pas une attitude dirigiste vis-à-vis du patient, ni de l'énergie ; il est neutre. Il n'est qu'un catalyseur pour l'énergie vitale de l'individu.

Ce livre très simple, avec schémas et photos, met cette approche à la portée de tous ceux qui sont intéressés par la médecine holistique et qui veulent changer leur vie. Très conseillé à pratiquer avec les enfants.

*Gaston Saint Pierre naquit au Canada français en 1940 et vécut en Angleterre jusqu'au début de 1960. Il travailla quatorze ans dans le monde de la finance. Il fut formé comme professeur et diplômé de l'école Montessori. En 1970, il travailla auprès de Robert St John qui avait découvert cette approche révolutionnaire de la guérison appelée Métamorphose. En 1980, il fonda l'Association Métamorphique, reconnue d'utilité publique. Il donne maintenant des conférences et des cours à travers l'Europe et le monde.*

*Debbie Boater naquit en Angleterre en 1953 et partage maintenant son temps entre l'Angleterre et l'Amérique, enseignant et pratiquant la Technique Métamorphique et la psychophysiologie. Elle a passé les quinze dernières années à étudier et pratiquer la méditation, la psychologie, l'expression corporelle et les médecines douces. Elles est l'auteur du «Livre du Pain» (Prism Press, 1979) et co-auteur du «Manuel du Guérisseur» (Element Press, 1988).* ■

ISBN : 2 904670 11 4

## *LE SOUFFLE D'OR A DEJA PUBLIÉ :*

### *Collection FINDHORN :*

**Révélation** (épuisé)
**La voix des anges**
**Jeux nouveaux** (nouvelle édition 1988)
**Semence d'étoile**
**Emergence**
**Les bâtisseurs de l'aube**
**L'envol vers la liberté**
**Le retour du peuple des oiseaux**
**La petite voix**

### *Collection CHRYSALIDE :*

**La métamorphose** (nouvelle édition 1988)
**Cristal de vie**
**Vivez dans la lumière**
**Un instant une pensée**
**Elixirs floraux et médecine vibratoire**
**Cristaux et développement personnel**
**Guide des musiques nouvelles**
**Kinésiologie**
**Les endorphines**
**Fleurs et santé**
**Le papillon noir**

### *Collection de la ROSÉE :*

**Le joueur de flûte**
**Les enfants aux yeux de soleil**

### *Collection LUMIÈRE ET CONNAISSANCE*

**Guérison dans le nouvel âge** (épuisé)
**Les sept rayons et l'astrologie**

### *Hors collection :*

**Le guide de l'éducateur nature**
**L'homme autrement**
**Médecine de l'essence**
**La Guérison : de la tradition à aujourd'hui**
**La Terre s'éveille**